WOW IN THE WORLD #1: THE HOW AND WOW OF THE HUMAN BODY
by Mindy Thomas, Guy Raz
Copyright © 2021 by Tinkercast, LLC
All rights reserved.
This Korean edition was published by Bacdoci Co., Ltd. in 2023 by arrangement with
Tinkercast, LLC c/o Writers House LLC through KCC(Korea Copyright Center Inc.), Seoul.

이 책의 한국어판 저작권은 ㈜한국저작권센터(KCC)를 통한 저작권자와의 독점 계약으로 ㈜백도씨에 있습니다.
저작권법에 의하여 한국 내에서 보호를 받는 저작물이므로 무단전재와 복제를 금합니다.

들어가는 말 : 우리 몸, 어디까지 알고 있니?　　　　　　　　　　8

 **머리**
시작은 위에서부터!
눈 – 세상을 바라보는 우리 몸의 창문　　　　　　　　　12
코 – 킁킁! 수상한 냄새가 나는데?　　　　　　　　　　22
귀 – 귀를 쫑긋이 세우고 잘 들어!　　　　　　　　　　28
입 – 머리에서 가장 큰 구멍　　　　　　　　　　　　　34
⭐ **보너스 바디** – 우리 몸의 아가들　　　　　　　　　48

 **뇌**
생각과 감정을 만드는 공장
뇌 – 우리 몸의 지휘자　　　　　　　　　　　　　　　52
⭐ **보너스 바디** – 배꼽　　　　　　　　　　　　　　60

3장 몸의 겉에서 속으로

피부 – 우리 몸을 감싼 보호막 … 64
땀 – 윽, 이게 무슨 냄새야? … 73
손톱 – 예쁜 게 다가 아니야! … 76
털 – 내가 털털해 보이니? … 78

⭐ 보너스 바디 – 없어도 괜찮아! 쓸모없는 기관들 … 82

4장 운동계
우리를 움직이게 하는 것들

뼈 – 내 안에 해골이 산다! … 86
근육 – 티라노사우루스처럼 튼튼하게! … 92

⭐ 보너스 바디 – 겨드랑이 … 96

5장 순환계, 호흡계, 비뇨계
쿵쿵, 졸졸, 솨솨~ 흐름에 맡겨!

심장 – 사랑해, 하트! … 100
피(혈액) – 몸속에 있을 땐 무섭지 않아! … 104
폐 – 누구나 가슴 속에 풍선 두 개쯤은 있잖아? … 110
비뇨계 – 오줌의 힘! … 115

⭐ 보너스 바디 – 우리 몸 대상 시상식 … 120

6장 소화계
음식물이 똥이 되기까지
- 소화 – 음식물이 내려간다, 쭈우욱! — 126
- 똥 – 철퍼덕, 똥 덩어리 — 132
- 방귀 – 피리 부는 엉덩이 — 140
- ⭐ 보너스 바디 – 여전히 신기하고 수상한 우리 몸 — 144

7장 면역계
우리 몸을 보호하는 든든한 갑옷
- 면역계 – 내가 지켜 줄게! — 148

8장 생식계
인간은 어떻게 또 다른 인간을 만들까?
- 끝없이 이어지는 삶의 고리 – 탐험을 시작하자! — 154
- 사춘기 – 내가 왜 이럴까? — 156
- ⭐ 보너스 바디 – 엉덩이 — 162

- 내 몸에게 보내는 감사 편지 — 166
- 용어 설명 — 168
- 사진 출처 — 170
- 찾아보기 — 171
- 참고 문헌 — 174

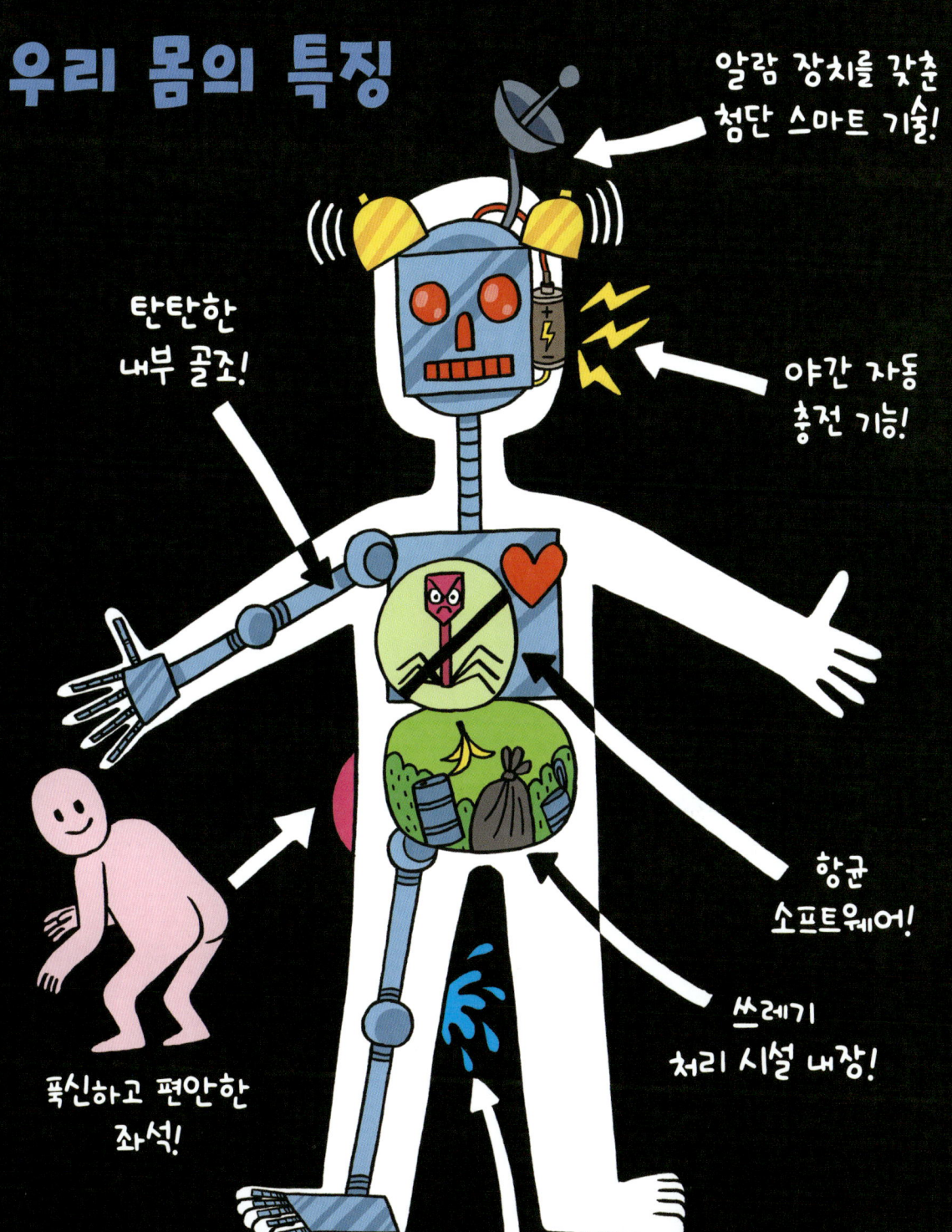

들어가는 말
우리 몸, 어디까지 알고 있니?

와우! 감탄이 절로 나올 만큼 깜짝 놀랄 사실을 알고 싶다고? 그럼 멀리서 찾을 것 없이 우리 몸을 살펴봐. 우리가 걷고, 말하고, 숨 쉬고, 토하고, 똥 누는 일은 하나하나가 모두 놀랍고 신기하니까! 우리 몸은 평생 에이에스(AS)를 받을 수 있는 맞춤형 기계 장치라고 할 수 있어. 물론 사람마다 평생의 길이가 다른 건 안 비밀!

이 책에서는 우리 몸의 겉과 속을 위부터 아래까지 꼼꼼히 뜯어보고, 우리 몸이 어떤 놀라운 일을 하는지 알아볼 거야.

참, 이 책을 읽을 때 너희가 해야 할 것과 하지 말아야 할 것이 몇 가지 있어. 별로 힘든 일은 아니니까 미리 겁먹지는 마.

해야 할 것 1 이 책은 웬만하면 순서대로 읽는 게 좋아. 그렇다고 반드시 처음부터 끝까지 읽어야 하는 건 아니야. 먼저 차례를 쭉 훑어보고 관심 있는 부분부터 읽어도 돼. 물론 모든 게 다 재미있을 것 같다면 그냥 첫 페이지부터 읽으면 되겠지?

해야 할 것 2 이 책에서 알게 된 사실들을 친구나 가족들에게 조금씩 알려 줘. 와우! 감탄이 절로 나오는 놀라운 이야기들을 혼자만 알고 있으면 언젠가 머리가 펑! 터질지도 모르니까. (농담이야~!)

해야 할 것 3 우리 몸에 대해 좀 더 알고 싶다면 직접 파헤쳐 봐! (진짜 삽을 들고 파라는 말이 아닌 건 알지?) 이 책에서 미처 다루지 못한 놀랍고 흥미로운 사실들이 아직 많거든. 그 정보들을 책 한 권에 모두 실으려면 무게가 버스만큼 무거워질걸? 어쩌면 더 무거울 수도 있고.

하지 말 것 1 이 책을 절대 아기 가까이에 두면 안 돼! 책에 침을 묻히고 물어뜯어서 엉망으로 만들 테니까.

하지 말 것 2 조금 징그럽고 끔찍한 이야기가 나오더라도 토하진 마! 사람의 몸속은 원래 징그러워. 아무리 예쁘고 잘생긴 사람도 몸속은 징그럽지. 그렇지 않다면 그 사람은 인간이 아니야.

하지 말 것 3 이 책을 벌레를 죽이는 데 쓰지 마! 벌레도 귀한 생명이니까.

자, 이 책을 쓴 우리가 하고 싶은 말은 여기까지야. 이제 인체 대탐험을 시작하자. 탐험이 끝나면 우리 몸이 더 소중하게 느껴질 거야!

- 민디 & 가이

1장

머리

시작은 위에서부터!

눈
세상을 바라보는 우리 몸의 창문

코
킁킁! 수상한 냄새가 나는데?

귀
귀를 쫑긋이 세우고 잘 들어!

입
머리에서 가장 큰 구멍

세상을 바라보는 우리 몸의 창문

미끌미끌한 탁구공처럼 생긴 눈은 우리 몸에서 매우 중요한 기관이야. 우리가 몸 바깥에서 일어나는 일들을 알아차리고 이해하는 데 큰 역할을 하거든. 그러기 위해 눈알과 이어진 여러 근육과 신경이 하루에 1만 번 이상 바쁘게 움직여. 우리가 아름다운 무지개나 환하게 웃는 친구의 얼굴을 볼 수 있는 건 눈이 있어서야. 길을 걷다가 개똥을 피할 수 있는 것도 눈 덕분이지. 그러니까 눈에게 늘 고마워하고 소중히 여겨야 해!

눈은 어떻게 사물을 볼까?

어두컴컴한 곳에 들어갔을 때 앞이 보이지 않아서 힘들었던 경험은 누구나 있을 거야. 그렇지만 그 이유까지는 아마 모를걸? 우리 눈은 빛이 있어야만 제 역할을 할 수 있어. 우리가 어떤 사물을 보는 순간, 빛이 그 사물에 닿았다가 도로 튕겨 나와 눈 안으로 들어가. 그 빛이 눈알 맨 안쪽에 있는 망막을 자극하면 망막은 그것을 뇌가 이해할 수 있는 신호로 바꾸지.

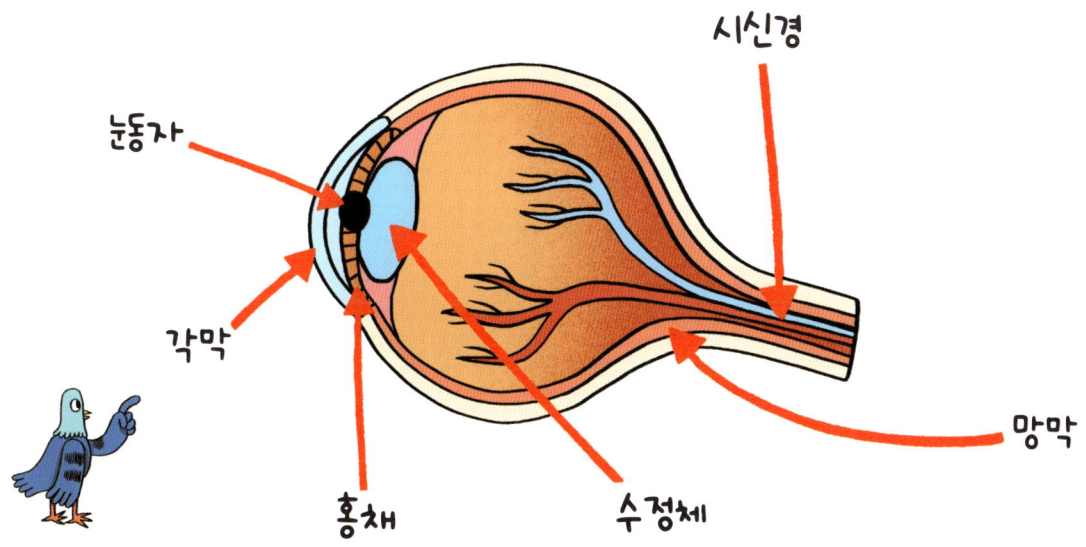

눈의 구성원들을 소개할게!

지금부터 사람의 눈을 이루는 여러 부분을 만나서 우리가 사물을 보는 데 각자 어떤 역할을 하는지 알아보자.

안녕? 나는 홍채라고 해. 사람의 눈 색깔을 이루는 부분이지. 믿기 힘들겠지만 내 몸은 온통 근육질이야! 나는 눈동자를 지나 수정체로 들어오는 빛의 양을 조절하는 아주 중요한 일을 하지. 별로 어려울 건 없어. 근육으로 된 몸을 쭉 늘였다 줄였다 하면 빛이 내 뜻대로 움직이거든. 계속 내 자랑만 하는 것 같아서 미안한데, 너희가 빛이 많든 적든 앞을 볼 수 있는 건 다 내 덕분이야! 밝고 환한 낮에는 너무 많은 빛이 눈에 들어오지 못하도록 내 몸을 쭉 늘리지. 반대로 깜깜한 밤에는 최대한 많은 빛을 받아들일 수 있도록 내 몸이 확 줄어들어. 너희를 위해 이렇게 밤낮으로 열심히 일하고 있으니, 제발 눈을 소중히 여겨 줘!

홍채

반가워. 내 이름은 각막이야. 아마 너희는 나란 존재가 눈에 있는지도 모를 거야. 나는 눈에 보이지 않는 투명하고 두꺼운 막이거든. 내가 하는 일은 지저분한 이물질이 눈 안으로 들어오지 못하게 막는 거야. 하지만 날카로운 무언가에 눈이 찔리면 내가 찢어질 수도 있어. 그러니까 내가 눈알을 잘 보호할 수 있도록 너희도 심한 장난은 피해야 해. 알겠지?

각막

안녕? 나는 눈동자야! 어려운 말로는 '동공'이라고 하지. 눈 한가운데 있는 작고 검은 구멍이 바로 나야. 눈동자가 없는 눈은 어떤 모습일까? 상상하기 싫겠지만 잠깐만 용기를 내서 머릿속에 그려 봐. (꺅!) 그래, 내가 없는 눈은 좀 끔찍할 거야. 나는 빛이 눈알 안쪽 벽에 있는 망막까지 들어올 수 있게 돕는 통로 역할을 해. 눈동자와 망막은 각각 빔 프로젝터와 화면에 비유할 수 있어. 빔 프로젝터에서 나온 빛이 화면 위에 영상으로 떠오르는 것처럼 눈동자를 통해 눈 안으로 들어온 빛이 망막 위에 물체의 상을 만들거든. 참, 빛이 망막에 닿기 전에 '수정체'라는 곳에 모이는데, 자세한 이야기는 그 친구한테 직접 들어!

눈동자

어이! 내가 바로 수정체야. 눈동자가 말한 대로 나는 모든 걸 한곳에 모으는 일을 해. 모든 게 뭐냐고? 당연히 빛이지! 나는 홍채 뒤에 있는데, 아마 그 애는 내가 여기 있는지도 모를 거야. 나는 볼록 렌즈처럼 생긴 투명한 막이거든! 눈동자를 통해 들어온 빛줄기들은 내 위에 한데 모였다가 눈알 가장 안쪽에 있는 망막에 맺혀. 자, 이제 망막 네가 설명할 차례야!

수정체

14

드디어 내 차례군! 안녕? 내가 바로 망막이야. 놀랍겠지만 나는 청개구리처럼 모든 걸 거꾸로 뒤집어. 하지만 이건 절대 내 탓이 아니야! 눈으로 들어온 빛이 수정체에 모이면 저마다 다른 각도로 꺾이는 굴절을 일으키지. 그래서 물체의 상이 거꾸로 뒤집힌 채 망막에 맺히는 거야! 나는 이 정보를 시신경을 통해 뇌로 보내는데, 다행히 뇌에서는 뒤집힌 물체의 상을 다시 똑바른 모습으로 받아들여. 역시 뇌는 참 똑똑하지? 시신경, 다음은 네 차례야.

위가 아래, 아래가 위!

망막

시신경

반갑다! 내 이름은 시신경이야. 눈알의 맨 안쪽 벽에 퍼져 있지. 나는 눈을 통해 들어온 정보를 뇌로 전달하는 일을 해. 정보를 실어 나르는 배달원이랄까? 그러니까 내가 없으면 너희는 아무것도 못 봐!

눈에 생기는 코딱지, 눈곱!

눈곱은 눈 안쪽 구석에 생기는 부스러기로, 코딱지처럼 끈적거리며 작고 누래. 눈 주변 피부에서 나온 기름과 점액, 죽은 피부 세포 등이 하나로 뭉친 거야. 우리가 깨어 있는 동안에는 눈을 깜박일 때 저절로 떨어져 나가기 때문에 눈곱이 제대로 자리 잡을 새가 없어. 그래서 우리가 눈을 감고 잠자는 동안 부지런히 몸집을 키우지. 아침에 우리를 반갑게 맞이하려고 말이야!

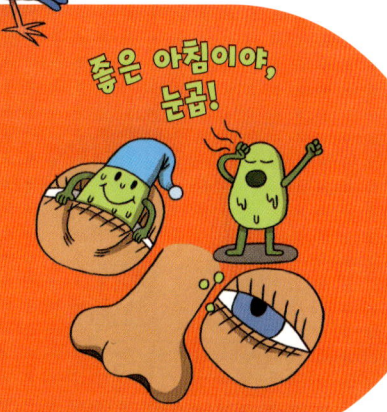

좋은 아침이야, 눈곱!

눈썹 1+1 파격 세일

눈썹의 다양한 쓰임새

- 땀이나 빗물이 눈으로 들어가는 것을 막아 준다.
- 강한 햇빛이 눈알에 직접 닿지 않도록 가려 준다.
- 먼지를 비롯한 지저분한 이물질이 눈으로 들어가는 것을 막아 준다.
- 얼굴로 감정을 표현하는 데 도움이 된다.

 기쁨!
 놀람!
 화남!

★ 모양과 굵기는 가지가지! ★

✲특징 : 사람 얼굴에 있는 털 중에 가장 열심히 일하는 털! 없으면 섭섭해!

와우! 깨알 정보

★ 다른 사람의 눈동자를 가만히 들여다보면 그 안에 내 모습이 조그맣게 비칠 거야. 그래서일까? 눈동자를 가리키는 영단어 pupil에는 '작은 사람' 또는 '어린 학생'이라는 뜻도 있어!

★ 우리 몸에는 털이 수북한 곳이 그리 많지 않아. 그래서 다른 동물에 비해 눈썹이 유난히 도드라져 보이지. 강아지나 고양이 얼굴에 우리와 비슷한 눈썹이 있다면 어떨까? 금붕어 눈 위에 시커먼 눈썹이 나 있다면? 큭큭! 상상만 해도 웃기지?

★ 사람의 한쪽 눈썹을 이루는 털의 개수는 평균 250올쯤 돼. 하지만 평생 단 한 번도 눈썹을 뽑은 적이 없다면 털이 1,000올도 넘을 거야. 정말 수북하겠지?

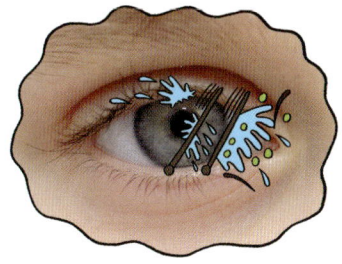

눈꺼풀은 눈알을 덮고 있는 살갗으로, 눈알 표면의 점액과 기름이 마르지 않도록 해 줘. 눈이 다시 초점을 맞출 때도 도움이 되지. 자동차 앞 유리에 묻은 먼지를 쓱싹쓱싹 닦아 내는 와이퍼처럼 눈꺼풀을 반복해서 여닫으면 눈알에 붙은 먼지나 티끌을 없앨 수 있어!

와우! 서프라이즈

깜박깜박!

타이머를 이용해 1분 동안 우리가 자연스럽게 눈을 몇 번이나 깜박이는지 세어 봐. 아마 대부분 15~20번 정도일 거야. 그런데 눈이 감긴 약 0.1초 동안 무언가를 보지 못하고 놓친 것 같은 기분이 드니? 아마 그렇지 않을걸? 그건 우리 뇌가 눈을 깜박이는 짧은 순간에 놓친 장면들을 자동으로 이어 붙여서 자연스럽게 빈틈을 없애는 놀라운 능력을 갖췄기 때문이야.

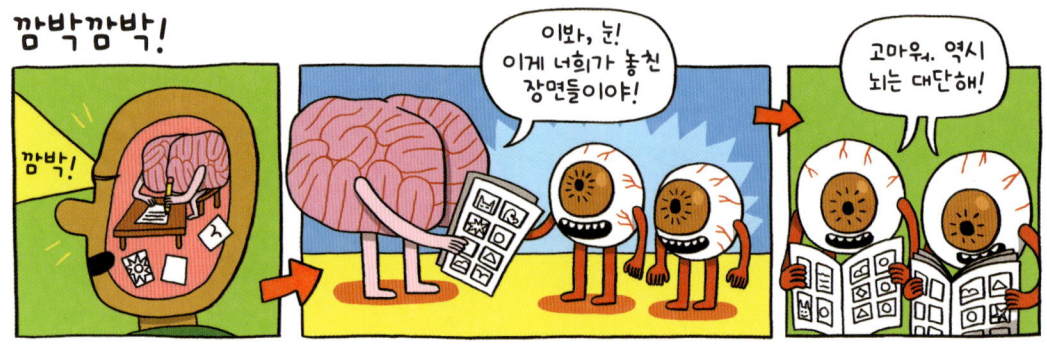

눈싸움

눈싸움을 해 본 적 있니? 눈을 깜박이지 않고 더 오래 버티는 사람이 이기는 대결 말이야. 눈싸움을 가장 잘하는 사람은 갓난아기야. 1분 동안 눈을 깜박이는 횟수가 고작 한 번뿐인 아기들도 있어. 하지만 어른은 눈을 뜬 채 오래 버티기 힘들어서 보통 1분에 열다섯 번쯤은 눈을 깜박이게 돼.

와우! 실험실

갓난아기와 어른의 눈 깜박임 차이를 알아볼까? 타이머를 이용해 1분 동안 두 사람이 각각 몇 번이나 눈을 깜박이는지 세어 봐. 자신 있으면 네가 직접 갓난아기에게 도전해도 좋아!

와우! 틈새 과학 상식

★ 사람의 코와 귀는 나이가 들어도 조금씩 계속 자라! 하지만 눈알은 평생 똑같이 탁구공만 한 크기를 유지하지. 정확하게는 태어나서 두 살 때까지는 눈알이 몇 밀리미터쯤 자라. 하지만 그 뒤에는 크기가 거의 안 변해.

★ 파란 눈을 가진 사람들은 모두 같은 한 조상에서 갈라져 나온 후손들이야.

★ 속눈썹이 두 겹, 심지어 세 겹인 사람들도 있어! 대표적인 사람은 미국의 영화배우 엘리자베스 테일러야.

★ 양쪽 눈 색깔이 다르거나 눈 색깔이 한 가지가 아닌 사람도 있어. 영어로 '오드 아이(odd eye)'라고 하는 이 현상은 사람뿐 아니라 고양이에게도 나타나.

★ 영화에서처럼 멋지게 울고 싶은데 콧물이 줄줄 나와서 곤란했던 적 있니? 그건 울 때 눈물이 코 뒤쪽으로 흘러들어 콧물과 한데 뒤섞이기 때문이야.

★ 사람은 깨어 있는 동안 계속 눈을 깜박거려. 깨어 있는 시간의 약 10퍼센트는 눈을 감고 있는 셈이지!

★ 갓난아기든 어른이든 다섯 명 가운데 한 명은 눈을 뜬 채 잘 수 있어!

★ 우주 비행사들은 아무리 슬퍼도 눈물을 흘리지 못해. 중력이 없는 우주 공간에서는 눈물이 절대 흘러내리지 않거든. 그 대신 눈 주위에 방울방울 맺혀서 눈을 따갑게 하지. 그래서 우주에서 눈물이 나면 정말 괴롭대!

와우! 놀라운 기록

미국에 사는 킴 굿맨이라는 사람은 말 그대로 '눈알이 튀어나오는' 별난 재주로 2007년 기네스북에 올랐어. 눈알에 힘을 빡 주면 눈구멍 밖으로 12밀리미터나 쑤욱 나온대!

참일까, 거짓일까?

다음 중 하나는 참, 둘은 거짓이야. 어떤 것이 참일지 눈을 크게 뜨고 찾아봐!

1. 눈도 피부처럼 햇볕에 화상을 입을 수 있다.
2. 눈을 뜬 채 코를 세게 풀면 눈알이 빠질 수 있다.
3. 열 사람 중 한 사람은 눈이 가려운 병을 앓는다.

정답

1. 참 2. 거짓 3. 거짓

눈은 피부처럼 햇볕에 화상을 입을 수 있어. 특히 이른바로 안구가 노출되는 아이들이나 더 쉽게 화상을 입을 수 있으니 햇살이 강한 날에는 꼭 선글라스를 끼우자. 코를 세게 풀어도 눈알은 빠지지 않아 해!

퀴즈! 눈, 그것이 알고 싶다

1. 세계에서 가장 흔한 눈 색깔은?

   ① 파란색   ② 연갈색   ③ 진갈색   ④ 얼룩덜룩한 색

2. 심장이나 간처럼 눈알도 이식이 가능할까?

   ① 얼마든지 가능하다.
   ② 위험하지만 할 수는 있다.
   ③ 현대 의학에서는 불가능하다.
   ④ 눈알 전체는 아니지만 일부는 가능하다.

정답

1. ③ 전 세계 인구의 절반은 이런 진갈색 눈이야.
2. ④ 눈알 그 자체는 이식이 안 되지만 눈알을 둘러싸거나 떠받치기 때문에 이식을 하거나 신경 재생 및 100만 개의 미세혈관을 다시 연결할 수 없어. 하지만 눈동자에 있는 각막에는 일부 조직을 이식할 수 있어.

킁킁! 수상한 냄새가 나는데?

　납작코, 주먹코, 들창코, 매부리코, 버선코, 안장코…… 코는 크기와 모양에 따라 이렇게 다양한 이름이 있어. 얼굴 한가운데 붙어 있기 때문에 사람의 첫인상에 큰 영향을 미치지. 코는 우리 몸속으로 공기가 드나드는 입구야. 그뿐만 아니라 맛을 느끼는 데도 중요한 역할을 해!

　코는 어떻게 냄새를 맡을까? 냄새를 맡으려면 먼저 공기 중에 떠 있는 아주 작은 알갱이들을 코로 들이마셔야 해. 콧구멍 안으로 들어간 냄새 알갱이들이 콧속 점막에 닿으면 거기 있던 후각 수용기들이 재빨리 뇌로 신호를 보내서 어떤 냄새인지 알지.

　우리가 맛을 느낄 수 있는 건 혀 때문이라고 생각하지? 하지만 코가 도와주지 않으면 혀는 맛을 제대로 느낄 수 없어. 코는 혀보다 훨씬 더 예민해. 혀는 자극을 전달하는 감각 수용기가 4종류뿐이지만, 코는 400종류나 있거든. 그래서 코가 막히면 감각이 둔해져서 맛을 잘 못 느껴.

와우! 놀라운 기록

"네 코는 몇 센티미터야?"

2010년 3월 18일, 튀르키예에 사는 메흐메트 오지위레크라는 남자는 '세계에서 가장 코가 큰 사람'으로 기네스북에 올랐어. 콧등의 시작점에서 코끝까지 잰 길이가 자그마치 8.8센티미터래. 정말 엄청 크지?

코가 냄새를 맡는 과정

1단계 커다란 딸기아이스크림을 먹어.

2단계 아이스크림에서 퍼져 나온 아주 작은 화학 물질 알갱이들이 콧구멍 안으로 들어가.

3단계 콧속 점막에 있는 작은 후각 수용기들이 깨어나서 부지런히 움직이기 시작해.

4단계 후각 수용기들이 혀에 있는 맛봉오리에 신호를 보내. "얘들아, 딸기 냄새가 났어!"라고 말이야. 이 과정이 없으면 아이스크림의 진짜 맛을 알 수 없어.

5단계 콧속의 후각 수용기와 혀에 있는 맛봉오리가 함께 모은 정보를 뇌로 전달해. "뇌야, 방금 먹은 건 딸기아이스크림이야!"

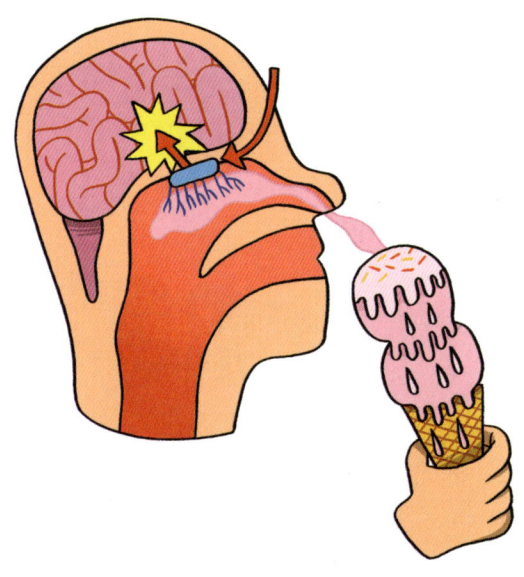

와우! 서프라이즈

먼저 음식을 한 입 먹고 어떤 맛인지 기억해 둬. 두 번째 먹을 때는 냄새를 맡을 수 없게 코를 막고 한 입 먹어 봐. 어때? 차이가 느껴지지?

코의 구조

콧구멍 코 앞쪽에 뚫린 입구. 크기는 손가락이 딱 알맞게 들어갈 정도야. (그렇다고 지금 바로 손가락을 넣어 확인하진 마!)

코중격 양쪽 콧구멍 사이의 칸막이. 뼈와 물렁뼈로 이루어져 있어서 쉽게 휘어져.

코안 콧구멍 안쪽의 빈 공간. 비강이라고도 해. 코중격을 중심으로 양옆으로 나뉘어 있어.

와우! 틈새 과학 상식

★ 코안 바닥은 입천장과 맞닿아 있어.

★ 코는 평생 조금씩 계속 길어져!

★ 갓난아기는 생후 3~4개월이 될 때까지 오직 코로만 숨 쉴 수 있어. 그 뒤에는 입과 코로 숨을 쉬지.

★ 남자는 보통 여자보다 코가 더 긴 편이야.

★ 뉴질랜드 원주민인 마오리족은 서로 코를 맞대고 비비며 인사를 해. 이런 전통 인사법을 '홍이'라고 해.

★ 코에서는 콧물을 하루에 약 1리터씩 만들어. 하지만 대부분 자기도 모르게 꿀꺽 삼키지.

코털은 왜 있을까?

지금 당장 거울로 콧구멍 안쪽을 들여다봐. 콧속에 자잘한 털들이 돋아 있지? 코털은 머리털과 다르게 깨끗이 감거나 다듬을 필요가 없어. 단, 남자 어른들은 살짝 다듬어야 할 수도 있어. 물론 예쁘게 땋거나 묶을 수도 없지. 그럼 코털은 왜 있는 걸까? 굳이 콧속에 털이 있어야 할 이유가 있을까?

코털은 우리 건강을 지키는 데 무척 중요한 역할을 해. 콧구멍 안에 있는 이 작은 털들이 우리 몸속으로 들어오는 먼지나 세균, 바이러스, 독소들을 밤낮으로 계속 잡아내거든. 코털에 붙잡힌 나쁜 침입자들은 우리가 재채기를 하거나 코를 풀 때 다시 바깥으로 밀려나곤 해. 하지만 침입자들끼리 똘똘 뭉쳐 무언가를 이루기도 하는데, 그게 바로…… **코딱지**야!

코딱지 만드는 법 먼저 먼지, 세균, 꽃가루 등을 끈끈한 콧물과 함께 잘 섞어. 그다음 바싹 말리면 코딱지 완성! (먹는 건 자유야. 그렇지만…… 웩!)

콧구멍 콧구멍의 모양과 크기는 사람마다 조금씩 달라. 보통 더운 열대 지방 사람들은 콧구멍이 크고 넓은 편이야. 반대로 추운 지방에 사는 사람들은 작고 좁은 편이지. 사막에 사는 낙타는 모래바람을 막기 위해 콧구멍을 닫을 수 있어.

콧구멍은 왜 두 개일까? 콧구멍은 두 개가 번갈아 가며 일하는 팀플레이를 해. 언제나 한쪽이 다른 한쪽보다 더 많은 공기를 더 빠르게 빨아들이지. 이때 빠른 공기를 타고 들어온 냄새 알갱이는 느린 공기를 타고 온 냄새 알갱이와 달라서 뇌에서 냄새를 더 확실히 구별할 수 있어. 만일 콧구멍이 한 개라면 자연히 냄새를 구별하는 능력도 떨어질 거야.

집중 토론 코딱지, 먹어도 될까?

먹어도 괜찮다!   **먹지 않는 편이 좋다!**

뭐 어때? 어차피 우리는 코를 훌쩍이거나 침을 삼킬 때마다 콧물(점액)을 함께 삼키잖아.

지금 코를 후비고 있다면 당장 멈춰! 지저분한 손가락이 예민한 콧속 점막을 자극해서 코피가 날지도 몰라.

코딱지가 될 점액에는 세균이 들어 있지만 배 속에서 소화되면 오히려 면역 체계에 도움이 될 수도 있어.

코딱지에는 충치를 예방하는 단백질도 들어 있지.

코딱지를 현미경으로 들여다보면 끈적거리는 작은 빵처럼 보여. **크림이나 잼 대신 먼지와 세균으로 속을 채운 빵 말이야.** 이런 빵을 먹고 싶니?

1995년에 발표된 한 연구 결과에 따르면 전 세계 어른의 91퍼센트가 코딱지를 판대!

손을 씻지 않고 코를 후볐다면, 코딱지와 함께 손가락에 묻어 있는 온갖 더러운 것들까지 함께 먹는 셈이야. 웩!

'코딱지 먹기'를 어렵고 고상한 말로 '무코파지(mucophagy)'라고 해. 왠지 먹음직스러운 이름 아니니?

가이 씨, 방금 나온 따끈따끈한 코딱지예요. 식기 전에 어서 먹어 봐요!

나한테 왜 이래요?

귀 EARS

귀를 쫑긋이 세우고 잘 들어!

사람의 머리 양쪽에 달린 조개처럼 생긴 기관이 뭘까? 맞아, 바로 귀야. 귀는 크게 세 부분으로 나뉘는데, 대부분 머릿속에 들어 있어. 귀의 각 부분이 협동해서 소리를 모아 뇌로 보내면 우리는 비로소 소리를 듣게 돼. 하지만 귀가 하는 일은 이것만이 아니야! 사람을 비롯한 포유동물의 귀는 몸의 평형을 유지하는 데 중요한 역할을 해. 귀가 없으면 멀미하듯 비틀거리다가 결국 쓰러질 거야!

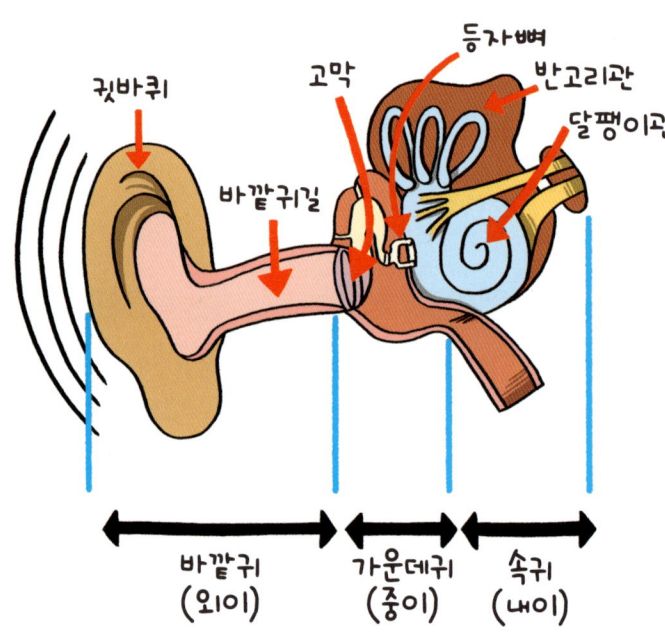

와우! 서프라이즈

영어 'ear of corn'이 무슨 뜻일까? ear는 귀, corn은 옥수수란 뜻인데…… 그럼 옥수수 귀? 땡, 틀렸어! ear에는 귀라는 뜻 말고, 곡물의 이삭(자루)이라는 뜻도 있어. 그러니까 여기선 '옥수수 한 자루'라는 뜻이야!

귀막히게 놀라운 귓속 세상

귀 기울여 봐!

지금부터 신귀한 귓속 세상으로 여행을 떠나 볼까?
우리가 어떻게 소리를 듣고, 평형 감각을 찾을 수 있는지 알려면 귓속을 자세히 둘러봐야 해.
크게 세 부분으로 나뉘는 귀묘한 귓속 여행은 귀똥차게 멋지고 귀중한 경험이 될 거야!

☆ 바깥귀는 귀에서 유일하게 우리 눈에 보이는 부분이야. 귓바퀴와 바깥귀길(외이도)로 이루어져 있지. 귓바퀴는 소리를 모으는 장치로, 매끈한 피부로 싸인 물렁뼈로 돼 있어. 바깥귀길은 약 2.5센티미터 길이의 어둡고 탄탄한 길이야. 가운데귀로 이어지는 이 길의 끝에는 고막이 있어.

바깥귀 (외이)

☆ 분위기 좋지? 가운데귀는 공기로 채워진 널찍한 공간이야. 귓바퀴에서 모인 소리가 바깥귀길을 거쳐 고막이라는 최첨단 장비에 부딪히면 고막이 파르르 떨리면서 진동을 일으켜!

가운데귀 (중이)

☆ 속귀는 신기한 마법 같은 일이 일어나는 곳이야. 반고리관이 자극을 받아서 평형 감각이 생기고, 벽에서 벽을 타고 전해진 진동이 달팽이관에 다다르면 청각 신호로 바뀌어 뇌까지 배달되지.

속귀 (내이)

청각 신호는 방금 들은 소리 정보가 적힌 투명한 편지 같은 거야!

귀지는 왜 생길까?

귀지는 귀의 입구에서 먼지나 세균 같은 침입자들이 귓속으로 들어오는 것을 막는 방어막 역할을 해. 생김새는 끈끈한 귀지, 바싹 마른 귀지, 쉽게 바스러지는 귀지 등 사람에 따라 조금씩 달라. 색깔도 연한 노란색부터 어두운 주황색까지 제각각이지. 이렇게 다양한 귀지의 매력에 빠져 볼래?

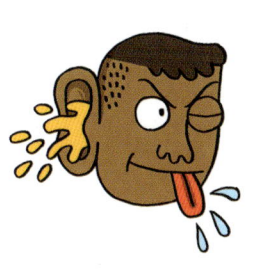

세계에서 가장 축축한 귀지를 가진 사람을 뽑는 대회가 열린다면 1등은 보나 마나 어린이일 거야! 보통 어린아이의 귀지는 어른 귀지보다 훨씬 촉촉하거든.

와우! 놀라운 기록

인도에 사는 앤서니 빅터는 '세계에서 가장 긴 귀털을 가진 사람'으로 2007년 기네스북에 올랐어. 바깥귀 한가운데서 털이 수북하게 자라는데, 가장 긴 건 어른의 한 뼘 길이와 비슷한 18센티미터나 됐대. 이 정도로 긴 귀털이라면 엉키지 않게 빗질을 해야 하지 않을까?

귓불

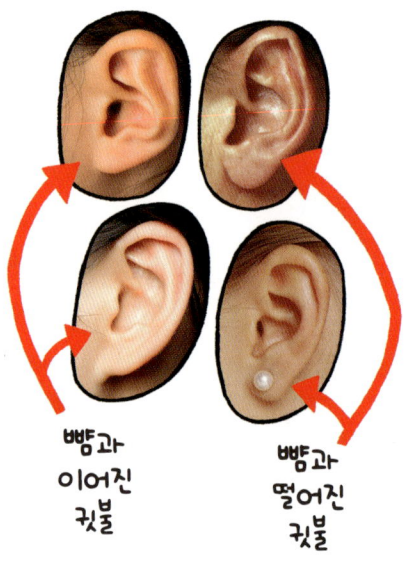

뺨과 이어진 귓불 / 뺨과 떨어진 귓불

귓바퀴 아래쪽에 있는 살을 귓불이라고 해. 사람은 누구나 귓불이 있지만, 생긴 모양은 사람의 유전자에 따라 조금씩 달라. 지금 당장 친구나 가족들의 귓불을 자세히 살펴봐. 귓불이 뺨과 떨어져서 달랑거리는 사람도 있고, 끝까지 뺨과 이어져 있는 사람도 있을 거야. 가장 흔하고 평범한 귓불은 어떤 모양일까?

와우! 틈새 과학 상식

★ 먼 옛날 원시인들은 소리에 대한 감각이 오늘날 우리보다 훨씬 더 발달했을 거야.

★ 자신의 귀에 들리는 자기 목소리는 다른 사람이 느끼는 것보다 더 낮게 들려.

★ 어떤 사람들은 청각이 어마어마하게 뛰어나서 자신의 눈알이 움직이는 소리까지 들을 수 있대!

★ 귀가 길게 축 늘어진 편이니? 앞뒤로 덜렁덜렁 흔들릴 만큼? 귓불로 매듭을 짓거나 나비 모양으로 묶을 수도 있어? 정말 사람의 귀가 이 정도까지 클 수 있을까? 음, 아주 오래오래 산다면 그럴지도 몰라. 물렁뼈로 이루어진 바깥귀는 코와 마찬가지로 평생 조금씩 계속 자라거든.

와우! 깨알 정보

귀를 움찔움찔 움직일 수 있는 사람은 전 세계 인구의 10~20퍼센트뿐이야. 귀를 움직이려면 '동이근'이라는 근육이 있어야 해. 그런데 대부분의 사람들은 이 근육이 퇴화되어 흔적만 남아 있어.

와우! 이게 가능해?

귓구멍에 콩이나 멸치, 건전지, 작은 블록 같은 걸 넣어 본 적 있니? 이런 건 호기심으로 하기에는 너무 위험한 행동이야. 그래도 여전히 호기심이 불타오른다고? 그럼 팔꿈치를 귀에 갖다 붙일 수 있는지 한번 해 봐! 단, 다른 사람의 귀가 아닌 자기 귀에만 해야 해!

머리에서 가장 큰 구멍

입은 음식물이 들어가는 입구이자 말소리를 비롯한 온갖 소리를 내는 구멍으로, 가장자리가 입술로 둘러싸여 있어. 와우! 설명이 너무 길고 복잡해서 무슨 말인지 잘 모르겠다고? 그럼 한 부분씩 따로 떼어 간단하게 알려 줄게.

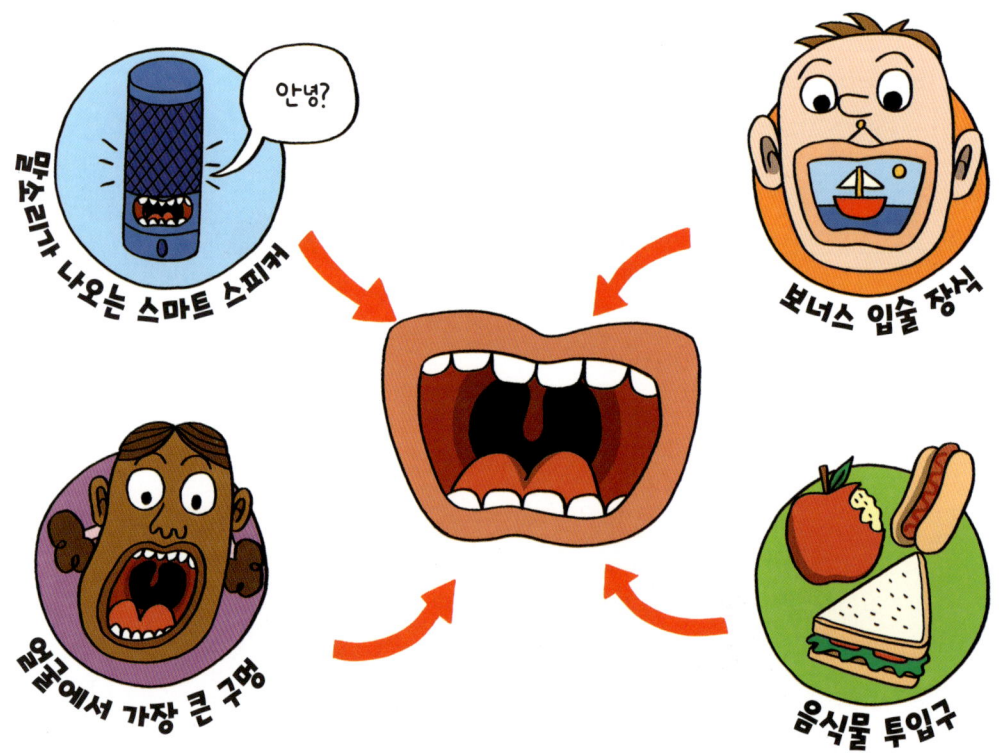

어때? 이제 좀 이해가 되지? 그럼 지금부터 입속을 자세히 살펴보자!

이

입속에 둘러쳐진 하얀 울타리가 뭘까? 바로 이야. 고상한 말로 '치아'라고도 하지. 이는 우리가 예쁜 미소를 짓거나 또박또박 말할 수 있게 도와줘. 무엇보다 이가 없으면 음식을 씹을 수 없기 때문에 우리에게는 정말 중요해. 다행히 사람은 평생 자연적인 이를 두 세트나 받을 수 있어.

어릴 때 받는 첫 번째 이를 '젖니' 또는 '유치'라고 해. 젖니는 모두 스무 개로 이루어져 있어. 태어난 지 6개월쯤 된 아기의 잇몸 위로 쌀알처럼 작고 새하얀 젖니가 돋아나면 어른들은 펄쩍펄쩍 뛸 정도로 기뻐하지.

하지만 이렇게 소중한 젖니를 오랫동안 가지고 있을 수는 없어. 7~8세 무렵이 되면 젖니가 저절로 빠지고, 그 자리에 어른용 이인 간니(영구치)가 새로 자라나거든. 서른두 개로 이루어진 간니는 젖니보다 더 크고 단단하며 약간 노르스름한 편이야. 튼튼하고 오래가는 간니는 갈비를 뜯을 때, 딱딱한 사과를 깨물 때, 심지어 새 티셔츠에 붙은 가격표를 뜯을 때도 쓰여. (물론 가격표를 뜯을 때는 가위를 쓰는 게 좋아!) 그럼 이쯤에서 이가 어떻게 생겼는지 살펴볼까? 모두 거울 앞에서 입을 크게 벌려 봐. 아아아!

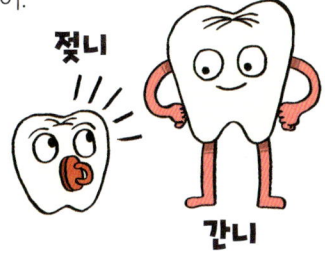

 힝, 난 내 젖니가 좋아요. 잃고 싶지 않아요!

젖니가 빠지는 건 어른이 되는 과정의 하나야! 어릴 때는 입이 별로 크지 않기 때문에 서른두 개의 간니를 다 담을 수 없어. 그래서 입이 충분히 커질 때까지 젖니가 대신 잇몸을 지키고 있는 거야.

이는 크게 앞니, 송곳니, 어금니로 나뉘어. 이 세 가지는 저마다 하는 일이 달라. 우리가 음식을 먹을 때마다 앞니, 송곳니, 어금니는 각자 맡은 일을 열심히 해. 거울 앞에서 입을 크게 벌린 채 우적우적 씹어 보면 이들이 일하는 모습을 볼 수 있을 거야. 하지만 부탁인데 제발 그러진 마! 음식을 먹을 땐 음식물이 보이지 않게 먹는 게 예의니까.

앞니 입을 벌렸을 때 정면에 딱! 보이는 이야. 아래쪽은 밋밋한 일직선이지만 딱딱한 당근을 한 번에 베어 물 수 있을 만큼 날카로워. 앞니는 모두 여덟 개야!

송곳니 활짝 웃을 때 양쪽 입가에 보이는 네 개의 작고 뾰족한 이야. 날카로운 송곳니는 음식물을 잡아채서 갈기갈기 찢을 때 유용해. 다음에 질긴 닭고기나 마른오징어를 먹게 되면 자신의 송곳니가 어떤 역할을 하는지 잘 살펴봐. 그 어떤 음식도 송곳니 앞에서는 꼼짝 못 하거든.

어금니 입 가장 안쪽에 있는 이로, 서너 개가 하나로 뭉쳐 있는 것처럼 보여. 크기로 따지면 입의 한가운데에서 주인공처럼 구는 앞니와 비교해도 절대 뒤지지 않아. 또 굉장히 튼튼하고 믿음직하지. 어금니는 음식물을 씹고 짓이겨서 갈아 버려. 어금니가 없다면 음식을 먹기가 어마어마하게 불편할 거야. 못 믿겠다고? 그럼 지금 당장 사과를 앞니와 송곳니만으로 먹어 봐!

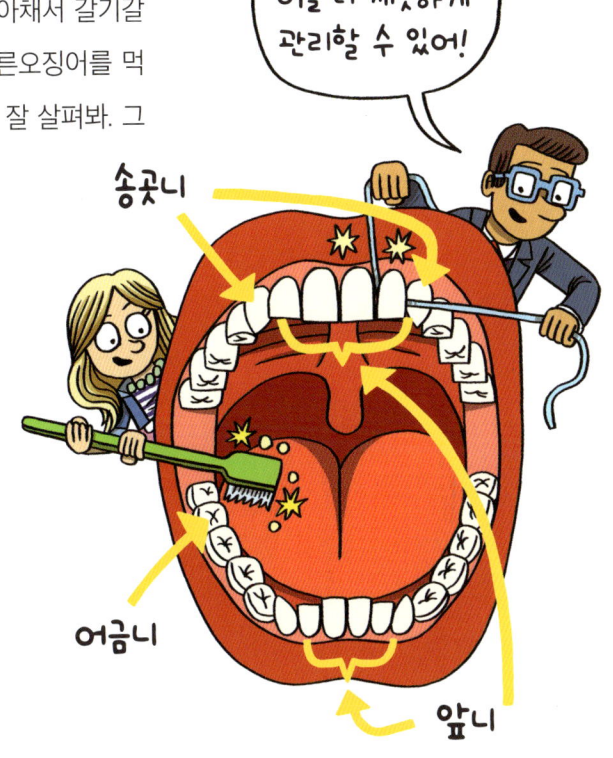

치아머리는 무엇일까?

이에서 우리 눈에 보이는 부분은 '치아머리(치관)'야. 영어로는 왕관을 뜻하는 '크라운(crown)'이라고 해. 치아머리는 법랑질(사기질)이라는 반질반질한 물질로 덮여 있어. 대부분 무기질로 이루어져 있어서 사람 몸에서 가장 단단하지.

법랑질에는 살아 있는 세포가 없기 때문에 한 번 잃으면 다시 만들어 낼 수 없어. 그러니까 깨지지 않도록 왕관처럼 소중히 다뤄야 해~!

재미있는 밴드 이름

치과 의사들이 모여 만든 음악 그룹 중에는 이빨스, 자일리톨 같은 재미있는 이름을 가진 밴드들이 있어. 만약 네가 치과 의사라면 어떤 이름의 그룹을 만들고 싶니? 이와 관련된 재미있는 이름을 지어 봐!

와우! 깨알 정보

★ 사람을 비롯한 대부분의 포유동물은 평생 딱 한 번 이를 갈아! 새 이를 얻을 기회는 한 번뿐이니까 관리를 잘해야 해.

★ 악어의 이빨은 같은 자리에 50번까지 새로 날 수 있어. (입속이 엄청 더럽고 위생이 엉망일 거야.)

★ 상어, 악어, 코끼리, 캥거루 같은 동물들은 평생 수없이 이빨이 빠졌다가 새로 나. 굳이 치과에 가지 않아도 될 테니 조금 부럽지?

평생 딱 2세트만 제공

첫, 나도 이빨 관리에 신경 쓴다고!

이빨을 여러 번 바꾸는 동물들

걱정하지 말고 덤벼! 이빨값 물어내라고는 안 할 테니까!

어차피 우리 이빨은 또 자라거든. 흐흐.

충치 만들기

오늘은 충치를 만들 거야. 어떻게 하면 이를 시커멓게 썩게 할 수 있는지 알려 줄게. 이에 있어서는 안 될 구멍이 뽕! 하고 생기는 재미있는 장면을 보게 될 테니 기대해!

＊주의 : 충치가 생긴 뒤 찾아올 아픔과 괴로움은 책임 안 짐!

> 진짜로 자기 입에 실험하지 않기!

1

먼저 달콤한 설탕을 잔뜩 준비해. 사탕이나 콜라처럼 설탕이 들어간 음식도 좋아.

이 때는 시간이 지날수록 점점 단단해져서 나중에는 치과에 가서 무시무시한 도구로 긁어내야 해. 오늘 당장은 아니니까 너무 걱정하지 마!

2

이제 그 설탕을 입속 세균에게 먹여. 간단하지? 서두르지 말고 천천히 설탕을 쏟아부어! 건강한 사람의 입속에는 약 300가지 세균이 살아. 하지만 한순간에 10억 가지로 확 늘어날 수도 있어. 그 가운데는 우리에게 이로운 세균도 있는데, 충치를 만들어 줄 세균들은 그런 착한 세균이 아니라 나쁜 세균이야.

나쁜 세균들에게 설탕을 잔뜩 먹이면 녀석들은 신이 나서 '치태'를 만들지. 치태는 이 표면에 생기는 투명하고 끈적끈적한 때야.

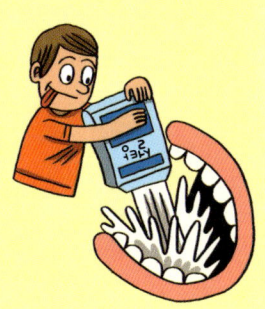

3

오늘은 세균이 설탕을 먹을 때까지 기다리기만 할 거야. 참, 녀석들은 설탕을 먹을 때 이 표면의 보호막인 법랑질까지 함께 갉아 먹어. 너희는 그냥 편하게 앉아서 기다리기만 하면 돼. 괜히 귀찮게 칫솔로 이를 닦을 생각은 하지 마!

4

자, 이제 입을 벌리고 이를 확인해 봐. 너희가 편하게 기다리는 동안, 이에 시커멓고 끈적거리는 아주 작은 구멍이 뽕 생겼으니까. 스스로 충치를 만들어 내다니 너희 정말 대단하다. 크하하하!

와우! 이런 나눔은 NO!

사랑하는 가족이나 반려동물과 가벼운 뽀뽀를 나누면 기분이 참 좋지? 그런데 10초 동안 입 뽀뽀를 하면 그 사이에 약 8,000만 마리의 세균이 입에서 입으로 옮겨 갈 수 있어. 그러니까 되도록 뽀뽀는 볼에만 살짝 하도록 해!

와우! 틈새 과학 상식

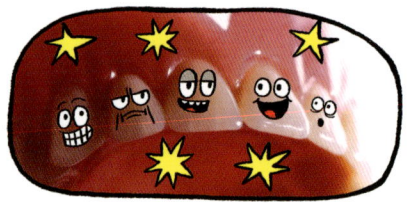

★ 사람의 손가락 지문이 모두 다르듯, 이도 사람마다 모두 다르게 생겼어.

★ 이의 약 3분의 1은 잇몸 속에 숨어 있어. 잇몸을 건강하게 잘 관리하면 잇몸이 이를 튼튼하게 지켜 줄 거야.

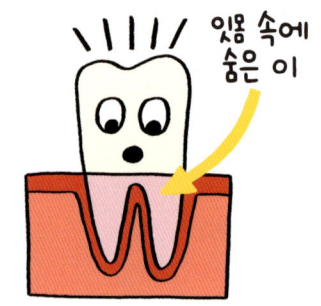

잇몸 속에 숨은 이

★ 사람의 입에서는 평생 약 2만 6,280리터의 침이 만들어져. 해마다 욕조 두 개를 가득 채울 정도의 침이 나오는 셈이지. 침으로 목욕할 사람?

혀

혀는 우리가 음식물을 씹고 맛보고 삼키게 해 주고, 말할 수 있게 해 주는 고마운 근육 덩어리야. 길이는 평균 8센티미터쯤 되지. 혀의 표면은 촉촉한 분홍빛 점막으로 얇게 덮여 있어. 혀의 윗면과 옆면 가장자리에는 혀유두라는 작은 돌기들이 있는데, 바로 그 아래쪽에 맛을 느끼는 맛봉오리가 붙어 있지.

혀 말기

U자형 혀

혀를 U자 모양으로 둥글게 말 수 있는 능력은 불완전 우성 유전자야. 엄마나 아빠가 혀를 U자형으로 말 수 있으면 너희도 할 수 있을 가능성이 커. 지금 바로 거울 앞에서 혀를 말아 봐.

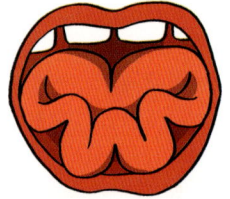

클로버 혀

아마 혀 말기 중 가장 어려운 기술일 거야. 혀를 여러 겹으로 접어서 네잎 클로버처럼 만드는 거지.

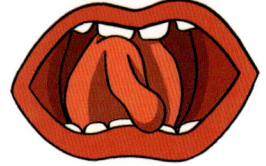

혀 비틀기

이 기술은 혀를 비틀어서 옆으로 세우는 거야. 쉬워 보이지만 막상 해 보면 어려울걸?

"경찰청 철창살은 외철창살인가, 쌍철창살인가?"

위 문장을 빨리 읽어 봐. 어때? 혀가 마구 꼬여서 또박또박 읽기가 힘들지? 정확한 발음 연습을 위해서 만든 이런 문장을 영어로 '텅 트위스터(tongue twister)'라고 해. 말 그대로 혀를 꼬이게 하는 문장이란 뜻이지.

와우! 깨알 정보

★ 혀가 자신의 코에 닿는 사람은 전 세계 인구의 10퍼센트뿐이야. 너희가 그 특별한 사람들일지도 모르니까 지금 바로 확인해 봐!

★ 티베트에는 수백 년 동안 전해 내려온 특별한 인사법이 있어. 우리가 메롱! 할 때처럼 혀를 쏙 내미는 거야.

★ 사람의 혀 모양은 손가락 지문처럼 모두가 달라.

와우! 놀라운 기록

1분 동안 혀를 코에 몇 번이나 갖다 붙일 수 있을까? 인도에 사는 아쉬시 페리라는 남자는 이 분야의 세계 기록을 가지고 있는데, 자그마치 142번이나 했대!

영국에 사는 토머스 블랙스톤이라는 남자는 '혀로 가장 무거운 것 들어 올리기' 세계 신기록을 세웠어. 그가 오직 혀의 힘으로 들어 올린 무게는 10.9킬로그램이나 돼!

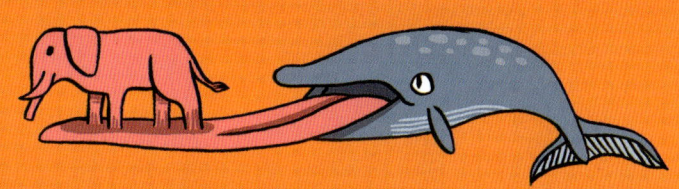

세계에서 가장 큰 동물로 알려진 흰긴수염고래(대왕고래)는 세계에서 가장 큰 혀를 가지고 있어. 흰긴수염고래의 혀 무게는 코끼리 몸무게와 비슷한 2,500킬로그램이나 돼.

맛봉오리

맛봉오리는 맛을 느끼는 꽃봉오리 모양의 기관이야. 어려운 말로는 '미뢰'라고 하지. 맛봉오리는 기본적으로 단맛, 짠맛, 신맛, 쓴맛을 느낄 수 있어. 생일 케이크, 감자튀김, 레몬 사탕, 인삼 뿌리 등을 입에 넣었을 때, 우리가 그 음식의 맛을 구별할 수 있도록 도와주는 게 바로 맛봉오리야.

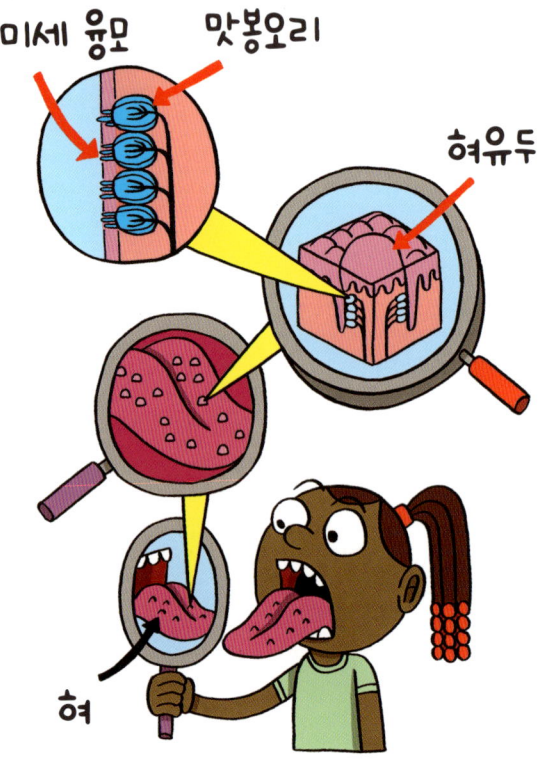

거울에 대고 혀를 쭉 내밀어 봐. 오돌토돌한 작고 빨간 돌기들이 보이지? 그걸 혀유두라고 하는데, 바로 그 혀유두 아래쪽에 아주 작은 맛봉오리가 있어. 맛봉오리는 미세 융모라는 훨씬 더 작고 가느다란 털로 뒤덮여 있지. 이 털들이 맛봉오리가 느낀 맛 정보를 마치 택배 배달원처럼 뇌까지 전달해 줘.

맛의 분류

단맛은 주로 '당'이라는 너희가 잘 모르는 물질에서 나와. 뭐? 이미 안다고? 그렇다면 미안! 당은 과일, 꿀, 케이크, 사탕, 심지어 콩에도 들어 있어. 당은 우리 생각보다 훨씬 더 다양한 음식에 쏙쏙 숨어 있지. 딱히 단맛이 느껴지지 않는 식빵, 샐러드드레싱, 바비큐 소스, 땅콩버터, 스파게티 소스 안에도 실제로는 꽤 많은 당이 들어 있어.

와우! 서프라이즈

냉장고와 부엌 수납장 속 식품들에 붙어 있는 영양 분석표를 살펴보면 깜짝 놀랄걸? 당은 우리가 전혀 생각지 못한 음식에도 많이 들어 있어.

신맛은 '산'에서 나와. 시큼한 레몬, 식초, 김치 같은 발효식품 등에는 모두 신맛을 내는 산 성분이 들어 있어. 신맛을 잘 모르겠다고? 음, 이건 설명보다 너희가 직접 눈으로 보는 게 더 확실할 거야. 거울을 보면서 레몬 같은 신 과일을 혀로 핥아 봐. 저절로 얼굴이 찡그려지고 눈이 질끈 감기지? 그럼 신맛이 무엇인지 제대로 느낀 거야!

와우! 서프라이즈

친구들과 신맛 참기 대결을 벌여 봐. 신맛이 나는 음식 세 가지를 맛본 뒤 얼굴을 찡그리지 않는 사람이 이기는 거야!

쓴맛은 입안에 오래 남는 강하고 자극적인 느낌 때문에 익숙해지는 데 시간이 꽤 걸릴 수 있어. 대표적인 쓴맛 음식은 익히지 않은 케일, 방울 양배추, 다크초콜릿, 한약 등이야. 쓴맛은 혀의 맨 안쪽에서 좀 더 강하게 느껴져. 먼 옛날 사람들은 쓴맛이 나는 식물은 절대 삼키지 않고 뱉어 냈대. 쓴맛이 난다는 건 독성이 있거나 썩었다는 신호일 수 있거든. 오늘날 사람들도 지나치게 쓴 음식은 뱉어 버리고 싶은 충동을 느끼지.

짠맛은…… 음, 그냥 짠맛이야! 염화나트륨이라는 화학 물질에서 나오지. 염화나트륨은 소금의 화학적 이름이야. 그러니 짠맛이 궁금하면 소금을 먹어 봐.

감칠맛은 한식을 비롯한 아시아 여러 나라의 음식에서 많이 느낄 수 있는 맛이야. 다시마, 간장, 배추 등이 감칠맛을 내는 재료지. 햄이나 베이컨 같은 가공육, 치즈, 버섯, 육수에서도 감칠맛이 나. 감칠맛을 한마디로 표현하면 입에 짝짝 붙는 맛이라고 할 수 있어.

어머, 이 감칠맛! 입에서 자꾸 끌어당겨!

화끈한 매운맛!

매운맛은 사실 맛이 아니야. 매운 고추를 먹었을 때 우리 몸이 느끼는 것은 맛이 아니라 뜨거운 열이야. 펄펄 끓는 핫초코를 마셨을 때 몸이 뜨거워지는 것과 마찬가지지. 고추처럼 매운 음식에는 캡사이신이라는 아주 작은 알갱이들이 가득 들어 있어. 입술과 입, 혀에 퍼져 있는 통점(아픔을 느끼는 부분)이 캡사이신의 자극을 받으면 이것을 열 신호로 바꾸어 뇌로 전달해.

"뇌 본부에 알린다! 몸이 화끈하게 달아올랐다!"

이 과정을 단계별로 알아보자.

1단계 굳은 각오로 자신 있게 매운 고추를 한 입 먹는다.

2단계 입술, 입, 혀에 퍼져 있는 통점들이 고추 안에 들어 있던 캡사이신을 반갑게 맞이한다.

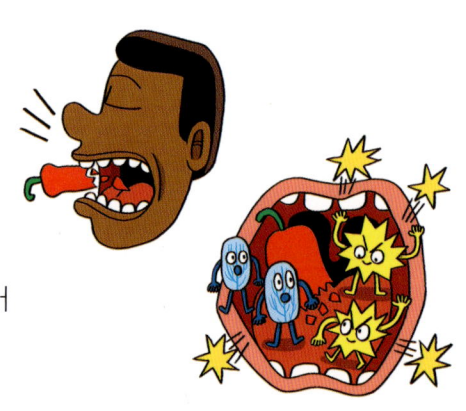

3단계 통점들이 뇌로 긴급 신호를 보낸다.
"비상! 몸이 엄청 뜨겁다!"

4단계 몸의 나머지 기관들이 열 식히기 작전에 들어간다. 땀이 삐질삐질 나거나 콧물이 줄줄 흐르거나 눈물이 점점 차오른다. 물론 이 세 가지가 동시에 폭발할 수도 있다.

슈퍼 테이스터의 자격

너는 가족이나 친구들과 비교해 음식 맛에 특별히 예민한 편이니? 케이크가 너무 달다거나 채소가 너무 쓰게 느껴진 적 있어? 또는 매운 음식에 유난히 약한 편이야?

만약 그렇다면 너는 '슈퍼 테이스터(supertaster)' 또는 초미각자일지도 몰라. 슈퍼 테이스터는 혀에 있는 맛봉오리의 수가 보통 사람들보다 훨씬 더 많아. 그래서 단맛은 유난히 더 달게, 쓴맛은 먹기 힘들 정도로 쓰게 느끼지.

슈퍼 테이스터는 전 세계 인구의 4분의 1쯤 돼. 이들은 미각이 예민한 만큼 자극적인 음식, 특히 쓴맛이 나는 음식을 잘 먹지 못해. 와인 전문가인 소믈리에 등 음식 맛과 관련한 일을 하는 사람들 가운데는 슈퍼 테이스터가 많대. 반대로 슈퍼 테이스터와 달리 미각에 문제가 있어서 특정한 맛을 잘 느끼지 못하는 사람도 있어. 이런 사람을 '미맹'이라고 해.

우리 몸의 아가들

보너스 바디

우리 몸은 셀 수 없이 많은 세포로 이루어져 있어. 지금 이 순간에도 우리 몸에서는 새로운 세포가 끊임없이 생겨나고 있지. 지금부터 생긴 지 얼마 안 된 아기 세포들을 많이 찾아볼 수 있는 곳들을 알려 줄게.

 위 점막

소개 : 위장 안쪽을 감싸고 있는 안감

나이 : 5일

하는 일 : 위장이 음식물을 잘 소화하도록 도와줘.

 맛봉오리

나이 : 10일

하는 일 : 우리가 음식 맛을 느끼도록 도와줘. 단맛, 짠맛, 신맛, 쓴맛, 감칠맛 느끼기 전문이지.

표피

소개 : 피부 겉 세포층
나이 : 2주
특징 : 생긴 지 2주가 지나면 스스로 떨어져 나가. 그 대신 그 자리에 새로운 표피가 생겨나지.

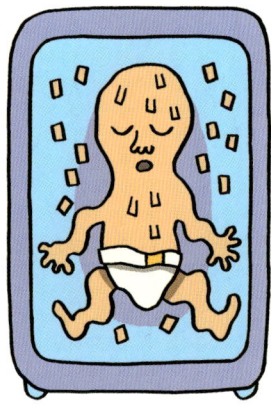

 ## 속눈썹

나이 : 2개월
특징 : 눈알을 든든하게 지켜 주는 방패야. 먼지나 지저분한 이물질은 속눈썹의 철통 방어를 쉽게 뚫지 못해. 생각보다 수명이 짧은 편이고, 쥐도 새도 모르게 조용히 사라져.

 ## 적혈구

나이 : 4개월
특징 : 혈액 속에 잔뜩 들어 있는 아주 작은 세포야. 우리 몸 곳곳에 산소를 실어 나르고, 다른 세포들이 내놓은 쓰레기를 치워 주는 고마운 존재지.

2장

뇌

생각과 감정을 만드는 공장

뇌

우리 몸의 지휘자

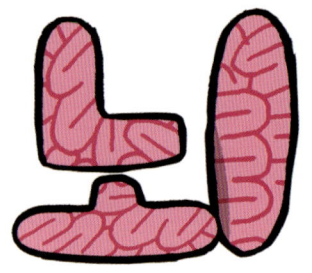 

뇌 THE BRAIN

우리 몸의 지휘자

뇌는 머리뼈 안에 들어 있는 가상 컴퓨터로, 우리 몸 전체를 지휘하고 통제하는 기관이야. 우리는 뇌의 명령에 따라 움직이고, 생각하고, 기억하고, 말하고, 감정을 느끼지. 우리가 잠자는 동안에도 뇌는 절대 쉬지 않아. 그만큼 우리 몸에 미치는 영향력은 엄청나지. 뇌는 우리 몸에서 가장 복잡한 곳이야.

뇌는 뉴런이라는 수십억 개의 아주 작은 신경 세포로 이루어져 있어. 신경 세포는 뇌와 우리 몸의 나머지 부분들 사이를 오가며 정보를 전하는 메신저 역할을 해. 뇌는 좌반구와 우반구로 나뉘어 있어. 이들이 하는 일은 서로 복잡하게 얽혀 있지만, 대체로 각 반구가 우리 몸을 절반씩 맡고 있다고 보면 돼. 우반구는 몸의 왼쪽을, 좌반구는 몸의 오른쪽을 지휘하고 통제하지. 지금부터 뇌 속을 자세히 들여다보자!

뒤죽박죽 감각

보통 냄새는 우리의 후각을 자극하고, 소리는 청각을 자극해. 하지만 공감각을 느끼는 몇몇 사람들에게는 냄새가 후각뿐 아니라 시각이나 청각까지 자극할 수 있어! 이런 사람들은 색깔에서 소리를 듣고, 모양에서 맛을 느끼며, 소리에서 촉감을 느낄지도 몰라. 그러니까 "이 노래는 치킨 맛이 난다!"라는 말이 아예 터무니없는 건 아니야.

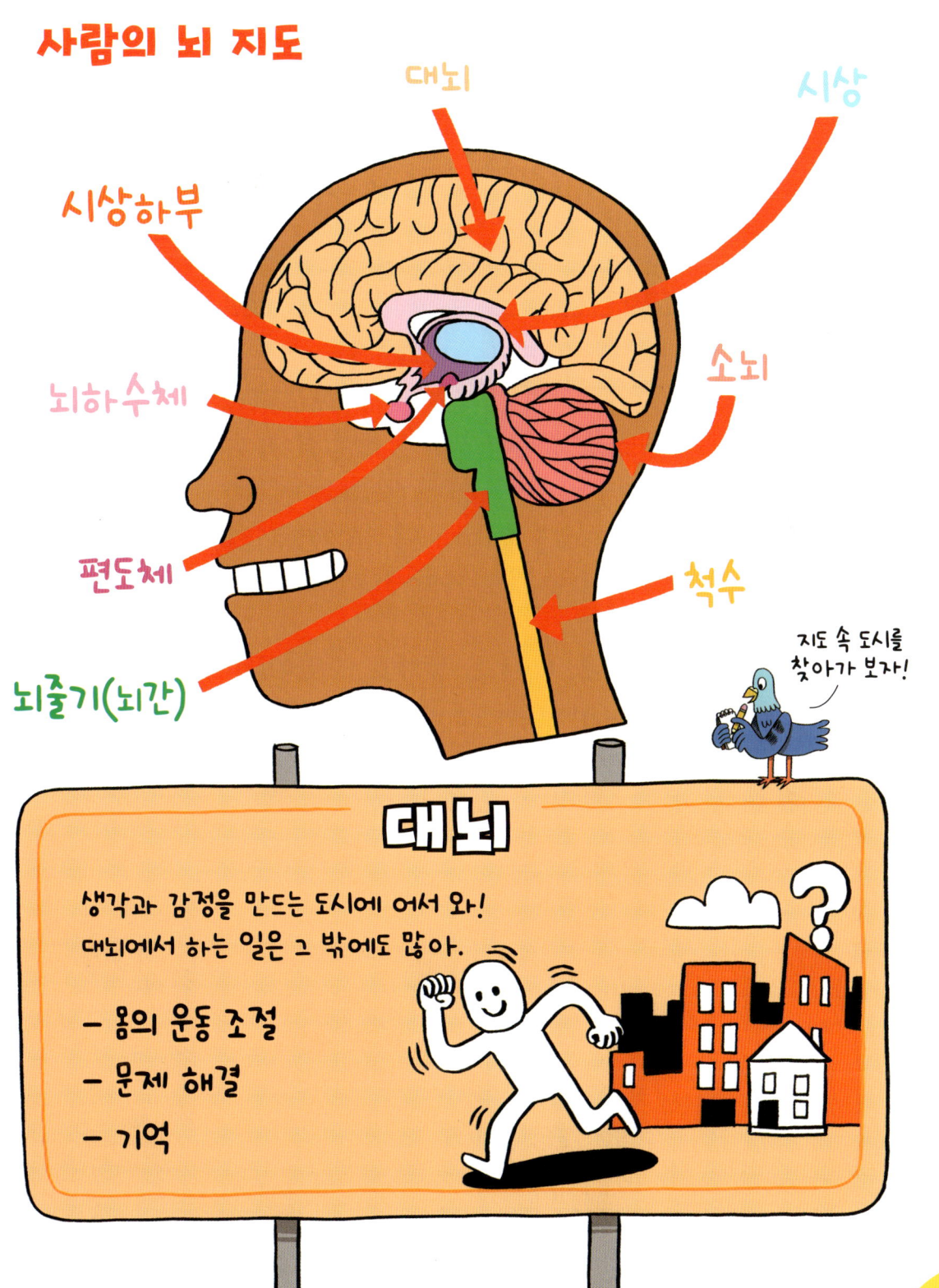

시상 감각적인 도시!

감각과 관련된 문제는 무엇이든 물어봐! 사람 몸의 감각 수용기에서 보내온 정보는 대부분 이곳을 거쳐 대뇌로 전달되니까.

시상하부

오르락내리락 체온 조절 도시!

체온을 조절하고 싶다고? 그럼 제대로 찾아왔어. 이곳에서는 땀을 흘리거나 몸을 덜덜 떨도록 명령해서 너희 몸이 가장 편안한 온도인 36.5~37°C를 유지할 수 있게 해 줘.

먹고, 마시고, 잠자고, 되풀이!

여기서는 너희가 언제 목마르고, 배고프고, 졸릴지 다 알고 있어. 따로 알려 주길 원하면 언제든 말해.

뇌하수체

완두콩처럼 작지만 강한 마을!

키 크고 싶으면 여기로 와! 누구든 이곳에 살면 키가 엄청 클 거야.

뭔 말이지?

뇌하수체는 콩알만큼 작지만 우리 몸의 성장을 돕는 대단한 일을 하거든요.

소뇌

뇌의 작은 엉덩이 마을

뇌의 엉덩이 쪽에 있는 소뇌는 이런 일을 해!

- 평형 감각 유지
- 여러 근육 운동의 조화
- 세밀한 운동

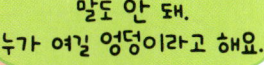

뇌줄기 (뇌간)

생명 유지를 위한 갖가지 활동을 조절하는 마을

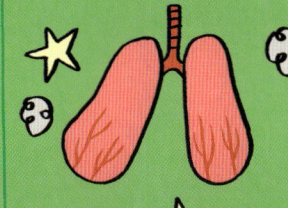

- 호흡
- 소화
- 심장 박동

뇌줄기의 모든 길은 그 이름도 유명한 척수로 이어져. 척수에 있는 신경 세포 집배원들은 뇌와 몸의 각 부분 사이를 부지런히 오가며 메시지를 전해.

뇌는 한 팀으로서 각자 일을 나누어서 해!

내 이름은 **전두엽**이야.
나는 계획 세우기,
상상하기,
결정하기,
문제 해결하기 등
온갖 복잡한
사고 활동을
책임지고 있어.

나는 **두정엽**이야. 너희가 촉감, 아픔, 압력 같은 피부 감각을 느낄 수 있도록 돕는 게 내 일이야. 너희가 뜨거운 피자를 덥석 물어서 입천장을 델 것 같으면 내가 나서서 말리지. 하지만 솔직히 너희는 내 말을 잘 듣지 않아. 그건 입천장에 물어보면 알 거야!

난 **측두엽**이야.
귀로 들어오는 모든
소리와 말을 받아서
너희가 들을 수 있게
처리해 주지.
또 너희가 기억하는 걸
돕기도 해.

내 이름은 **소뇌**야.
내가 없으면
너희는 어지럼을
느끼며 쓰러질 거야.
너희가 평형을 유지하고 운동을 조절할 수 있는 건 다 내 덕분이라고.

안녕?
나는 **후두엽**이야.
사람들은 나를
'시각 영역'이라고
불러. 눈에서 보내온
시각 정보를 분석해서
너희가 볼 수 있게
해 주거든.

와우! 틈새 과학 상식

★ 어른의 뇌 무게는 평균 1.4킬로그램이야. 이 정도면 아래 물건이랑 무게가 비슷해.

양파 다섯 알

워커 부츠 한 켤레

토스터

머릿속에 뇌 대신 이런 물건이 들어 있다고 상상해 봐. 크고 울룩불룩한 머리 모양이 진짜 우스울 거야!

★ 갓 태어난 아기의 뇌는 3개월이 될 때까지 하루에 1퍼센트씩 계속 커져.

★ 인간의 뇌는 몸집이 비슷한 다른 포유동물의 뇌보다 세 배쯤 커.

★ 아홉 살쯤 된 어린이의 뇌 크기는 어른 뇌의 95퍼센트 정도일 거야. 뇌 크기로만 보면 어른과 비슷하지. 그래도 여전히 운전은 할 수 없어. 억울해도 조금만 참아!

★ 우리 뇌의 무게는 몸무게의 2퍼센트 정도밖에 안 돼. 하지만 뇌가 하루에 사용하는 에너지의 양은 전체의 20퍼센트나 되지. 매일 몸의 각 부분과 수십억 개의 메시지를 주고받기 때문에 에너지가 많이 필요할 수밖에 없어.

★ 뇌에 저장된 정보를 모두 늘어놓으면 텔레비전 방송 100만 시간을 채울 수 있을 거야!

★ 인간의 뇌는 인터넷 세상만큼 어마어마하게 거대해! 뇌의 저장 용량은 인터넷의 모든 정보를 다 담을 수 있을 만큼 크지만, 저장하는 속도에는 한계가 있어.

★ 뇌에 있는 약 860억 개의 신경 세포(뉴런)들은 서로 이어져. 이 연결 지점을 시냅스라고 해. 한 신경 세포가 다른 신경 세포에 전기 신호를 보낼 때 그 신호를 시냅스가 전달해 주지. 때로는 몸의 끝에서 끝까지 전달할 때도 있어.

★ 발가락의 감각 수용기에서 느낀 아픔은 시속 435킬로미터의 속도로 뇌까지 빠르게 전달될 거야. 이 정도면 자동차가 고속도로를 달리는 속도보다 네 배쯤 빠른 거야!

★ 우리가 자는 동안에도 뇌는 쉴 새 없이 일해. 하루 동안 경험한 것, 생각한 것, 기억해야 할 것 등을 잘 분류해서 차곡차곡 정리하지. 그럼 나중에 필요할 때 쉽게 꺼내 쓸 수 있거든. 너희는 뇌만큼 정리를 잘하니?

★ 4,500킬로미터를 쉬지 않고 달려야 하는 울트라마라톤 선수는 경기를 하는 동안 뇌가 6퍼센트쯤 줄어든대! 경기를 마친 뒤 6개월이 지나면 뇌 크기가 원래대로 돌아온다니 그나마 다행이지?

★ 쪼글쪼글 주름 잡힌 뇌를 밀대로 매끈하고 넓게 펼치면 어떻게 될까? 그럼 작은 베갯잇과 비슷한 크기가 될 거야. 실제로 해 보기 없기!

59

배꼽 BELLY BUTTONS

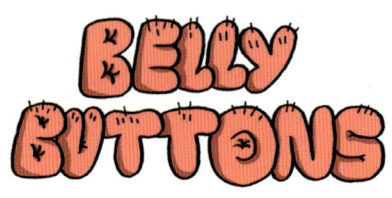

— 으악! 배에 있는 작동 버튼을 눌렀는데 아무 반응이 없어요. 어떡하죠?

— 버튼? 혹시 배꼽을 말하는 거니? 그렇다면 아무 반응이 없는 게 당연해.

— 아니, 왜요?

— 배꼽은 우리 몸에 남은 흔적일 뿐이거든. 그 자리엔 원래 탯줄이 붙어 있었어.

— 제 몸에 줄이 연결되어 있었다고요?

— 그래. 네가 엄마 배 속의 아기집에서 자라는 동안, 엄마가 그 줄을 통해 너한테 산소와 영양분을 나누어 주었지.

아, 역시 우리 엄마 최고!
그럼 저도 엄마에게 무언가를 드렸나요?

물론이지.
너는 네 몸에 필요 없는 쓰레기를 엄마에게 줬어.

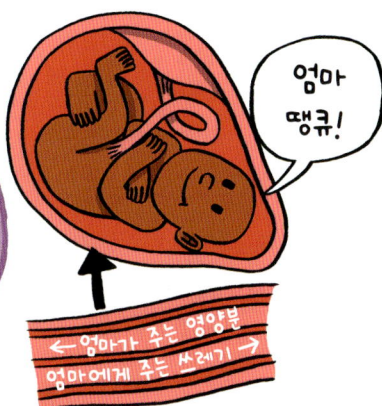

엄마 땡큐!

← 엄마가 주는 영양분
엄마에게 주는 쓰레기 →

앗, 엄마는 그 쓰레기를 어떻게 했나요?

음, 그냥 똥 눌 때 같이 내보냈을걸?

뭐라고요?

놀랄 거 없어. 엄마는 네 몸에서 나온 쓰레기와 자기 몸에서 나온 쓰레기를 구분하지 않고 그냥 똥을 눌 뿐이야.

그럼 제 탯줄은 어떻게 된 거예요?

아기가 엄마 배 속에서 나오면 탯줄은 저절로 떨어져. 더 이상 아기에게 필요하지 않으니까.

혹시 엄마가 제 탯줄을 갖고 있을까요?

네 엄마께 직접 여쭤봐.

엄마!
제 탯줄 있어요?
있으면 보여 주세요!

흠, 내 설명은 여기까지!

피부
우리 몸을 감싼 보호막

땀
윽, 이게 무슨 냄새야?

손톱
예쁜 게 다가 아니야!

털
내가 털털해 보이니?

피부 SKIN
우리 몸을 감싼 보호막

피부는 우리가 세상에 태어날 때부터 줄곧 입고 있는 옷이야! 우리 몸에서 가장 크고 넓은 기관이기도 하지. 어른의 피부를 모두 합친 무게는 갓난아이와 비슷한 3.6킬로그램쯤 돼. 몸 전체의 피부를 홀딱 벗겨서(꺅, 징그러워!) 쫙 펼치면 총넓이가 탁구대 절반을 덮을 정도인 2제곱미터쯤 될 거야. (※주의 : 집에서 하지 말 것, 친구네 집에서도 하지 말 것, 그 어느 곳에서도 하지 말 것!)

피부색은 어떻게 결정될까?

사람의 피부색은 몸속에 있는 멜라닌의 양에 따라 결정돼. 멜라닌은 사람의 눈(홍채), 머리털, 피부를 물들이는 천연 색소야. 몸속에 멜라닌 색소가 많을수록 피부색은 어두워져. 반대로 멜라닌 색소가 적으면 피부색이 밝고 하얗지.

주근깨와 점은 피부에 멜라닌 색소가 지나치게 많아져서 생긴 얼룩이야. 가장 큰 원인은 자외선! 갓난아이에게 주근깨가 없는 건 아직 햇볕을 많이 쬐지 않았기 때문이야.

건강한 피부 구함!

험한 바깥세상의 공격으로부터 몸을 지켜 줄 보호막을 찾습니다!

- 뻣뻣하지 않고 탄력 있는 편입니까?
- 몸속 액체가 왕창 쏟아지는 것을 막을 수 있습니까?
- 질병과 세균의 침입에 맞서 싸울 수 있습니까? 몸속에 쌓인 쓰레기를 내다 버릴 수 있습니까? 몸에서 열이 나면 식히고, 몸이 너무 차가우면 따뜻하게 해 줄 수 있습니까?
- 일한 만큼 대가를 받지 않아도 괜찮습니까?

위의 질문에 모두 "네!"라고 답할 수 있다면, 당신은 사람 몸에 꼭 필요한 건강한 피부입니다!

- 하루 24시간, 주 7일 근무 필수! (주말, 휴일에도 휴무 없음)

※ 주의 사항 : 다른 이들과 반드시 함께 일해야 함.
참고로 '다른 이들'이란 사람 몸에 있는 다른 기관(소화계, 순환계, 신경계 등)을 뜻함.

★ 지금 바로 지원하세요! ★

피부는 층층이 쌓인 3단 케이크처럼 세 개의 층으로 이루어져 있어. 물론 케이크처럼 달콤하고 맛있지는 않아. 내 말을 믿지 못하겠다면, 자신의 팔꿈치를 혀로 핥아 보고 어떤 맛인지 말해 줘. 기다릴게!

표피 피부의 맨 위층으로, 피부에서 우리 눈에 보이는 유일한 부분이야. 물에 강한 것이 특징이지. 피부색이 만들어지는 곳도 표피야.

진피 피부의 중간층이야. 털과 땀은 바로 여기서 생겨나서 몸 바깥으로 나와.

피하 조직 피부의 맨 아래층이야. 대부분 근육과 뼈를 감싸서 보호하는 지방과 조직으로 이루어져 있지. 피하 조직에 저장된 에너지는 체온 조절에 도움이 돼.

와우! 틈새 과학 상식

★ 피부는 몸속의 기관들을 보호하는 우비라고 할 만큼 물에 강해! 비바람이 몰아쳐도, 바다에 풍덩 뛰어들어도, 물웅덩이에서 장난을 쳐도 우리에게는 피부가 있기 때문에 몸속으로 물이 들어올 수 없어. 물론 온몸이 흠뻑 젖기는 하겠지!

★ 달력을 가지고 있니? 그럼 오늘 날짜에 동그라미를 표시해 둬. 다음 달 이맘때쯤이면 너희는 지금과 완전히 다른 새 피부층을 갖게 될 거야! 피부는 우리 몸에서 가장 성장 속도가 빠른 기관이거든.

★ 피부가 없다면 우리 몸속의 모든 액체가 수증기처럼 날아가 버릴 거야.

★ 우리 몸의 피부 세포는 일정한 시간이 지나면 저절로 떨어져 나가고 새로운 세포가 생겨나. 일 년 동안 이렇게 떨어져 나간 피부 세포를 모두 모으면 아마 4킬로그램쯤 될 거야!

★ 우리 몸에서 하루 동안 나오는 죽은 피부 세포는 집먼지진드기 100만 마리의 먹이가 될 수 있어. 집먼지진드기는 작은 젓가락처럼 생긴 입으로 단백질 덩어리인 죽은 피부 세포를 아작아작 갉아 먹지. 마치 감자칩을 먹듯이 말이야! 죽은 피부 세포는 어떤 맛일까?

★ 우리 몸에서 피부가 가장 두꺼운 곳은 발이야. 반대로 피부가 가장 얇은 곳은 눈꺼풀이지. 발과 눈꺼풀의 피부가 서로 바뀌면 어떨까? 푸하하! (이런 상상은 밥 먹을 때는 제발 하지 마! 밥 먹는 사람 앞에서 이런 이야기를 해서도 안 돼!)

와우! 놀라운 기록

1999년 영국의 개리 터너는 '세계에서 피부가 가장 잘 늘어나는 사람'으로 기네스북에 올랐어. 목 피부를 쭉 늘여서 들어 올리면 아래턱과 입까지 완전히 덮을 수 있대!

피부에 불쑥 돋아나는 것들

여드름
(좁쌀 여드름, 붉은 여드름, 곪는 여드름, 딱딱한 여드름)

그게 뭐야? 피부 표면 위로 불쑥 돋아나는 작은 종기야. 12~17세 무렵에 생기기 때문에 사춘기의 상징으로 알려져 있지. 보통 여드름은 시간이 지나면 사라져. 하지만 한 개가 돋아나면 뒤이어 다른 여드름 친구들이 따라 나올 때가 많아서 얼굴이 온통 여드름으로 뒤덮이기도 해.

왜 생겨? 피부에는 털이 나는 아주 작은 구멍이 수없이 많아. 여드름은 바로 이 털구멍에서 생기지. 털구멍 안에는 죽은 피부 세포, 기름, 세균 등이 똘똘 뭉쳐진 덩어리가 들어 있어. 밥맛 떨어진다고? 노노! 이건 나쁜 게 아니라 자연스러운 현상이야. 하지만 사춘기에는 호르몬의 영향으로 피부에서 나오는 기름(피지)의 양이 지나치게 늘어나면서 털구멍이 피지와 세균덩어리로 꽉 막히게 돼. 이 덩어리가 슬금슬금 피부 표면까지 올라와서 확 피어난 것이 바로 여드름이야!

점

그게 뭐야? 점은 피부색에 영향을 끼치는 멜라닌 세포들이 한곳에 뭉쳐서 피부에 생긴 얼룩이야. 누구나 사는 동안 자기도 모르는 사이에 몸에 생긴 점을 몇 개쯤 발견하게 될 거야. 점은 대개 어린이 또는 청소년 시절에 처음 생겨. 생김새는 납작하고 매끈한 것도 있고, 불룩 튀어나오거나 오돌토돌한 것도 있어. 또 털이 난 점도 있지. 점은 자연스럽고 정상적인 것이 대부분이지만, 어떤 것은 나쁜 병일 수도 있어. 그러니까 비정상적인 점이 생기지 않도록 강한 햇볕 아래서는 피부를 반드시 보호해야 해.

사마귀

그게 뭐야? 사마귀는 바이러스 때문에 피부에 돋아난 작고 단단한 회갈색 혹이야. 어떤 사마귀는 자잘한 검은 점이 콕콕 박힌 조그맣고 하얀 꽃양배추처럼 보이기도 해.

어떻게 없애? 사마귀는 대개 저절로 없어져. 하지만 그때까지 몇 개월, 심지어 몇 년씩 기다려야 할 수도 있어. 사마귀 때문에 아프거나 자꾸 거슬린다면 어른들에게 말해서 병원에 가는 게 좋아. 병원에서는 주로 특수한 기계로 사마귀를 차갑게 얼려서 없애는 냉동 치료를 해.

습진 (피부염)

그게 뭐야? 피부가 벌겋고 우둘투둘하게 부르트면서 각질이 벗겨지고 몹시 가려운 병이야. 어떤 환경 요인에 특별히 예민한 반응을 일으켜서 생기는 피부병이지. 이러한 염증 반응은 개나 고양이의 비듬, 비누, 먼지, 땀, 따끔거리는 옷, 특정한 음식 때문일 수 있어. 유전적인 요인도 있기 때문에 엄마 아빠가 습진 환자라면 너희도 습진이 쉽게 생길 수도 있어. 하지만 친구들 사이에 옮는 병은 아니니까 걱정하지 마!

모반

그게 뭐야? 피부의 표피 또는 진피에 생긴 색깔 있는 얼룩이야. 색소를 만드는 멜라닌 세포들이 피부에 넓게 퍼지지 않고 덩어리를 이룰 때 생겨나지. 모반은 아기가 태어나기 전이나 태어난 지 얼마 안 됐을 때 나타날 수 있어. 대부분 나이가 들수록 점점 흐릿해지지만, 크기나 색깔이 더욱 눈에 띄게 변하기도 해. 모반의 생김새는 모두 달라. 그러니까 모반을 자신만의 독특한 트레이드마크라고 생각해도 돼. 남들과 다른 개성을 가진 거니까 당당하게 드러내!

찰과상, 흉터, 딱지, 멍, 그리고 주르르 흐르는 누런 고름

찰과상 (보통 '살갗이 까지거나 벗어진 상처'라고 해!)

자주 나타나는 곳 나는 보통 너희가 아스팔트 길 같은 곳에서 세게 넘어졌을 때 나타나. 주로 피부가 연한 부위에 생겨.

특히 좋아하는 부위 무릎, 팔꿈치, 손, 발 등

관리 방법 아주 간단해! 비누와 물로 깨끗이 씻어 주기만 하면 돼. 그럼 큰 말썽을 일으키지 않고 곧 너희 곁을 떠날 거야.

흉터

내 소개 나는 불에 데었을 때 또는 피부가 찢어지거나 부르텄을 때 생긴 상처가 완전히 아문 뒤에 남는 흔적이야. 의리를 중요하게 생각하기 때문에 웬만해서는 너희 곁을 떠나지 않아.

원하는 것 나와 몇 달, 몇 년, 또는 평생 함께할 몸

내 장점 나는 상처 난 피부가 회복되는 데 도움을 줘. 그리고…… 네가 새 친구를 사귈 때 나를 보여 주면 자연스럽게 대화를 시작할 수 있어!

딱지 (종이로 접은 장난감 딱지 아님 주의!)

내 소개 나는 혈소판으로 이루어진 촘촘한 그물이 단단하게 굳은 것이야. 피부가 찢어지거나 까져서 상처가 나면 핏속의 혈소판들이 재빨리 몰려들어. 피가 더는 흐르지 않도록 자기들끼리 그물을 짜서 상처를 덮어 버리는 거야.

생김새 너희 눈에는 내가 그저 들쭉날쭉하게 생긴 딱딱하고 불그스름한 껍데기로 보이니? 그런 볼품없는 겉모습만 보고 나를 판단하면…… 나 섭섭해! 내 안에서는 너희에게 이로운 많은 일이 일어나고 있거든.

제일 듣기 싫은 말 "이거 확 떼어 버릴까?"

멍 (강아지 소리 아님 주의!)

좋아하는 것 탄생 이틀 후부터 받는 달걀 마사지

가장 고마운 친구 내가 생겨나기 전에 터져 준 모세혈관들. 이 친구들의 희생이 없었다면 난 이렇게 검푸른 멋진 빛깔을 낼 수 없었을 거야!

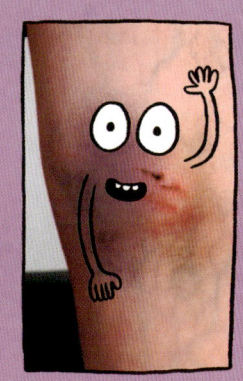

힘든 점 이따금 피부 아래 내가 갇혀 있다는 생각이 들어.

사람들에게 하고 싶은 말 제발 나한테 반창고 좀 붙이지 마!

이걸 확 떼어 버릴까, 말까?

윽, 이게 무슨 냄새야?

어머, 겨드랑이에서 이상한 냄새가 나니? 냄새가 나는 이유를 알려 줄 테니 부끄럽더라도 참고 들어봐. 그 나쁜 냄새가 땀 때문이라고 생각하지? 하지만 사실 땀은 원래 아무 냄새도, 색깔도 없어. 겨드랑이에서 나는 그 야릇하고 메슥거리는 냄새는 땀이 아니라 세균 때문이야. 굶주린 세균이 땀을 냠냠 맛있게 먹고 분해시키고 나면, 거기서 코를 찌르는 고약한 냄새가 나지.

잠깐! 제 이야기가 아니에요! 저는 아직 어린아이인걸요. 제 겨드랑이에서는 좋은 냄새가 나요. 지독한 냄새가 나는 사람은 바로 중학생인 제 형이에요!

물론 지금은 네 겨드랑이에서 좋은 냄새가 날 수 있겠지. 어린이의 겨드랑이에서 독한 냄새가 나지 않는 건 아직까지 그럴 만한 땀이 충분히 나지 않기 때문이야. 하지만 네 형처럼 사춘기 나이가 되면 겨드랑이에 있는 아포크린샘에서 특이한 땀이 나오기 시작해. 그것도 아주 많이 말이야. 이 땀은 끈적끈적한 데다 기름기가 섞여 있어서 배고픈 세균들에게는 훌륭한 간식거리가 돼. 세균이 아포크린 땀을 먹어서 분해하면 더 작아진 땀 분자들이 남게 되는데, 바로 여기서 코를 찌르는 냄새가 나는 거야!

 그러니까 어린이의 겨드랑이에서는 나쁜 냄새가 나지 않는다는 거죠? 우리 할머니한테 똑같이 말씀 좀 해 주세요!

워워! 진정해. 네 겨드랑이에서 상해서 문드러진 양파 같은 냄새는 나지 않을 거야. 하지만 네 몸에서 나는 또 다른 종류의 땀이 불쾌한 냄새를 풍길 수 있어.

 엥? 땀에 종류가 있어요?

그 질문에 대한 답은 조금 이따 해 줄게. 나이와 상관없이 모든 사람에게는 에크린샘이라는 것이 있어. 여기서 나오는 땀이 우리가 아는 보통 땀이야. 이 땀은 체온 조절을 돕는단다. 특히 몸이 지나치게 뜨거워질 때 열을 식히는 데 도움이 되지. 묽고 투명한 에크린 땀에 젖은 옷에서는 퀴퀴한 곰팡이 냄새가 날 수 있어.

 우웩!

흐흐, 좀 찝찝하지? 하지만 땀을 흘려야만 우리는 건강한 몸을 유지할 수 있어.

 건강하고 냄새나는 몸이겠지요.

크크크, 그래, 건강하고 냄새나는 몸!

깨알 정보

어떤 과학자들은 땀을 모으기 위해 실험 대상자들을 거대한 비닐봉지 안에 들어가게 하고 운동을 시켰대!

신기한 땀의 세계

고기 땀   고기를 잔뜩 먹고 났을 때 심하게 나는 땀이야.

★ '고기 땀'은 실제 의학 용어는 아니야. 하지만 이런 현상을 설명해 줄 과학적 근거는 있어. 우리 몸이 고기(특히 붉은색 고기)를 소화하려면 많은 에너지와 열을 사용해야 해. 그래서 자연히 몸에서 땀이 많이 나는 거야.

★ 현실에서 고기 땀을 볼 수 있는 곳은 햄버거 많이 먹기 대회장이야!

식은땀   심하게 불안하거나 긴장했을 때, 특히 실패할까 봐 두려울 때 갑작스럽게 비 오듯 쏟아지는 땀을 뜻해.

★ 현실에서 식은땀을 볼 수 있는 때는 피아노 연주회나 학예회 날이야. 참, 생활 통지표를 받는 날도 그렇겠지?

소금 땀   눈에 들어갔을 때 따가울 만큼 소금기가 많은 땀이야. 이런 땀은 몹시 더운 날 심한 운동을 할 때 자주 흘러. 체온이 지나치게 올라가면 우리 몸은 땀을 내보내서 체온을 조절해. 땀 속의 수분이 증발할 때 몸의 열기가 식거든.

★ 땀 속에 든 소금(나트륨) 성분은 증발하지 않아. 그래서 땀을 엄청나게 흘린 뒤에는 피부에 하얀 소금이 남기도 해.

손톱 NAILS

먼 옛날 → 지금

예쁜 게 다가 아니야!

우리의 손가락과 발가락 끝에 붙어 있는 조그만 방패가 뭘까? 맞아, 바로 손톱과 발톱이야! 손톱과 발톱이 존재하는 이유는 아직 확실히 밝혀진 바 없어. 하지만 우리의 먼 조상인 유인원의 발톱이 진화한 것이라고 주장하는 과학자들이 있지.

- 손톱은 하루에 0.1밀리미터씩 자라.
- 손톱이 완전히 빠지면, 다시 자라는 데 3~6개월쯤 걸려.
- 손톱은 밤보다 낮, 추운 겨울보다 더운 여름에 더 빨리 자라.
- 오른손잡이는 오른손 손톱, 왼손잡이는 왼손 손톱이 반대쪽 손톱보다 더 빨리 자라.
- 사람의 손톱은 말의 발굽만큼 튼튼해!

손발톱은 케라틴이라는 단단하고 탄력 있는 단백질로 이루어져 있어. 케라틴은 머리털과 피부 표피, 동물의 발굽과 뿔을 이루는 물질이기도 해.

와우, 놀라운 기록!

인도에 사는 쉬리타르 칠랄은 1952년부터 66년 동안 왼손 손톱을 단 한 번도 자른 적이 없어. 그러다 여든두 살이 되던 2018년에 마침내 왼쪽 손톱을 자를 결심을 하고 똑, 똑, 하나씩 잘라 냈지. 자른 손톱을 모두 이은 길이는 자그마치 9.096미터였어. 현재 이 남성은 '한쪽 손의 손톱이 가장 긴 사람'으로 기네스북에 올라 있어.

내가 털털해 보이니?

피가 따뜻하고 체온이 일정한 육지 동물은 대부분 온몸이 털로 뒤덮여 있어. 하지만 인간은 그렇지 않기 때문에 스스로 체온을 유지해야 해. 사실 우리 몸도 거의 모든 부분에 털이 나 있지만, 대부분 가늘고 짧은 솜털이야. 털이 없는 밋밋한 피부는 더울 때 큰 도움이 돼. 하지만 추울 때는 두꺼운 옷으로 몸을 꽁꽁 감싸야 건강한 체온을 유지할 수 있어.

가는 털, 오는 털

인간의 머리를 뒤덮고 있는 머리털은 평균 10만 가닥이 넘어. 믿기 힘들다면 직접 세어 봐도 좋아! 머리털은 한자리에서 2~6년 동안 계속 자라. 그 후에는 잠시 쉬는 시간을 갖다가 마침내 저절로 빠져 버리지. 이렇게 저절로 빠지는 머리털이 하루에 100가닥쯤 될 거야! 이렇게 많은 털이 빠지는데 왜 우리가 알아차리지 못하느냐고? 털이 빠져나간 똑같은 털집(모낭)에서 새 털이 자라나 계속 빈자리를 메우기 때문이지. 어딘가로 떠나거나 돌아오는 사람들로 쉴 새 없이 북적이는 공항을 생각해 봐. 우리 머리가 공항이라면 머리털은 사람들인 셈이야.

털 만드는 털 공장 '모낭'

어서 오십시오! 정성을 다해 털을 키우는 털 공장, 모낭입니다!

털 공장에서는 모낭이라는 깊고 좁은 집에서 털을 키웁니다. 보통 한 모낭에서 한 가닥의 털이 자라는데, 간혹 두세 가닥이 자라는 경우도 있습니다. 저희는 큰 모낭, 작은 모낭을 비롯해 다양한 형태와 크기의 모낭을 갖추고 있습니다. 그 밖에도 더 깜짝 놀랄 일이 있으니 기대하세요!

모낭의 형태

일자 모낭 / 약간 휜 모낭 / 많이 휜 모낭

저희 제품에 만족한 고객님들의 목소리를 들어 보실까요?

약간 휜 모낭이 최고예요! 구불구불한 반곱슬머리가 저절로 뚝딱!

저는 세일할 때 일자 모낭으로 샀어요. 보세요, 머리털이 잔디처럼 쭉쭉 뻗어서 자라잖아요!

용수철처럼 돌돌 말린 헤어스타일을 원한다면 많이 휜 모낭을 추천해요.

*주의
머리 모낭에서는 매일 약 100가닥의 털이 빠질 수 있습니다. 하지만 걱정하지 마세요! 그 자리에 새로운 털이 다시 공짜로 채워지니까요.

털의 종류

왜 팔이나 다리, 귓불의 털은 머리털만큼 길게 자라지 않을까? 그건 털의 종류가 완전히 다르기 때문이야. 우리 몸의 털은 크게 두 종류로 나뉘어. 매우 가늘고 약한 '솜털'과 굵고 튼튼한 '성숙 털'이야.

솜털 솜털은 부드럽고 가늘어서 '연모'라고도 해. 사람, 특히 여자와 어린이의 몸은 거의 대부분이 솜털로 뒤덮여 있어. 이 털은 무척 가볍고 색깔이 거의 없어서 멀리서는 눈에 잘 보이지도 않아. 솜털의 존재를 확실히 알 수 있는 건 피부에 소름이 돋는 순간이야. 그때는 솜털이 바짝 곤두서거든.

복숭아털 같은 솜털

소름이 쫙! 솜털

성숙 털 솜털보다 굵은 털로, 어려운 말로 '종모'라고도 해. 머리털이 대표적인 성숙 털이지. 머리털은 체온 유지를 돕고 강한 햇볕으로부터 두피를 보호하는 방패 역할을 하기도 해. 사춘기 청소년과 어른(특히 남자)은 팔, 다리, 겨드랑이, 사타구니에도 성숙 털이 있어.

성숙 털

매끈매끈 털 없는 곳

피부 가운데는 모양이 없어서 **털이 자라지 않는 부분**이 있어. 이 부분의 피부는 특별히 더 두꺼워.

손바닥

입술

발바닥

늑대 인간도 이 부분에는 털이 없고 매끈해!

★ 보너스 바디 ★
없어도 괜찮아! 쓸모없는 기관들

　어때? 이제 우리 몸이 무척 꼼꼼하게 만든 훌륭한 기계 장치 같다는 생각이 들지? 우리 몸에 있는 부드럽고 물컹하고 때로는 미끈미끈한 여러 기관들은 서로 협동하며 쉬지 않고 일해. 덕분에 우리가 건강하게 살아가고 있지. 그런데 우리 몸에서 아무 일도 하지 않고 뺀질뺀질 놀고 있는 기관도 있어! 그 쓸모없는 또는 그렇게 보이는 기관들에 대해 알아보자!

충수

충수야! 넌 오른쪽 아랫배에 있는 가느다란 대롱 모양의 살덩이지? 길이는 6~7센티미터쯤 되고. 오늘날까지도 과학자들은 네가 무슨 일을 하는지 분명히 밝혀내지 못했어. 물론 네가 '착한' 세균들이 모이는 곳으로서 우리 몸이 세균에 감염되지 않도록 돕는다는 주장도 있지만 확실하진 않아. 너는 맹장한테 미안해해야 해. 우리가 흔히 맹장염이라고 부르는 병은 사실 네가 염증을 일으킨 거잖아? 충수야, 제발 맹장 밑에서 얌전히 지내라!

 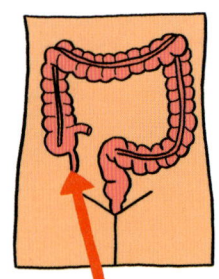

충수

꼬리뼈

네가 어디에 있는지는 이름만으로 쉽게 알 수 있어. 당연히 꼬리가 있을 법한 자리에 있겠지. 등뼈의 맨 아래쪽에 있는 너는 4개의 작은 뼈가 합쳐진 형태야. 하지만 솔직히 너는 아주 먼 옛날 인간의 조상에게 진짜 꼬리가 달려 있던 시절의 흔적일 뿐이지. 사람에게 실제 꼬리가 있다면 신기하긴 하겠지만, 바지를 입을 때 조금 곤란할 거야!

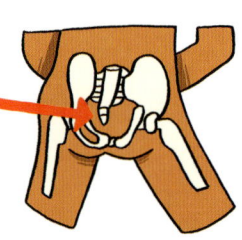

꼬리뼈

사랑니

사랑하는 사랑니야! 미안하지만 넌 이제 떠나야 해. 네가 먼 옛날 우리 조상들이 뻣뻣한 풀과 질긴 나무뿌리, 날고기 등을 씹어 먹어야 할 때 큰 도움이 되었다는 건 알아. 하지만 지금은 시대가 완전히 변했어. 우리는 씹기 쉬운 부드러운 음식을 먹거든. 아이스크림, 마시멜로, 케이크 같은 것들 말이야. 이제는 그만 헤어져야 할 때인 것 같아. 사랑니야, 그동안 수고해 줘서 고맙지만 더는 네가 할 일이 없어. 잘 가!

사랑니를 떠나보내야 하는 이유

- 사랑니가 썩어서 아플 수 있다.
- 숨어 있는 사랑니가 잇몸에 염증을 일으킨다.
- 비뚤어진 사랑니가 앞에 있는 건강한 어금니를 썩게 한다.

※ 물론 사랑니를 반드시 떠나보내야 하는 건 아니야. 하지만 사랑니 때문에 조금이라도 괴롭다면 아쉽더라도 보내는 게 좋아!

편도선

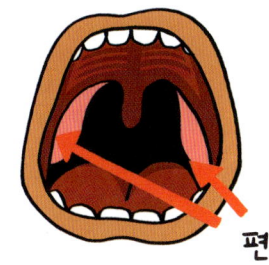

편도선

착한 편도선아! 너는 나를 위해 늘 그 자리에서 내 목구멍으로 들어오려는 세균들을 막아 주었어. 또 다른 기관들과 함께 면역계라는 팀을 이루어 열심히 일했지. 하지만 솔직히 너는 걸핏하면 염증을 일으키잖니? 네가 염증을 일으키면 나는 몹시 아파. 목구멍이 붓고 따끔거려서 힘들지. 편도선아, 네가 계속 이렇게 말썽을 부리면 우리는 헤어질 수밖에 없어. 다시 말해, 내 목구멍에 붙어 있는 너를 떼어 내야 한다는 뜻이야. 그러니 너도 얌전히 지내렴!

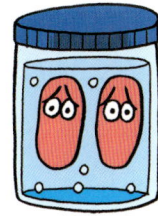

4장 운동계

우리를 움직이게 하는 것들

뼈
내 안에 해골이 산다!

근육
티라노사우루스처럼 튼튼하게!

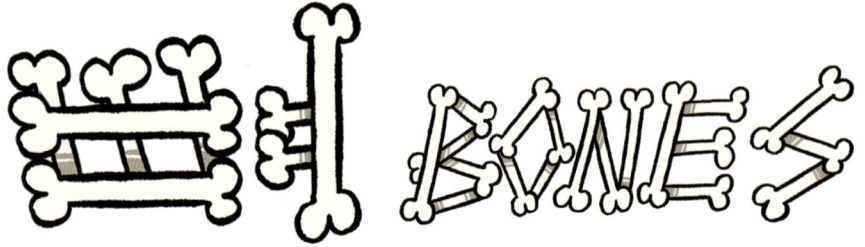

내 안에 해골이 산다!

저기, 너희를 겁주거나 놀라게 하려는 건 아닌데, 너희 몸속에는 진짜 해골이 숨어 있어.

민디와 가이

꺄아아아아아악!

너

진정해! 해골을 비롯한 뼈는 우리에게 꼭 필요해. 몸의 전체적인 형태와 틀을 잡아 주고, 온갖 장기와 기관들을 안전하게 보호해 주거든. 뼈가 없다면 우리 몸은 커다랗고 흐물흐물한 자루처럼 보일 거야. 윽, 생각만 해도 끔찍하지?

민디와 가이

휴~ 이제 좀 마음이 놓이네요.

너

> 그런데 이 뼈들은 하나하나 모두 살아 있어.
>
> 민디와 가이

> 꺄아아아아악!
> 내 몸속에 살아 있는 해골이 있다고요?
>
> 너

> 그래. 다른 기관들과 똑같이 해골도 살아 있기 때문에 점점 자라고 계속 변해. 뼈가 자라지 않으면, 너희는 지금도 여전히 갓난아기 같겠지?
>
> 민디와 가이

> 으으, 저한테 자꾸 왜 이러시는 거예요?
>
> 너

> 이야기가 나와서 말인데, 갓 태어난 아기의 뼈는 300개쯤 돼. 그런데 어른은 뼈가 206개뿐이지.
>
> 민디와 가이

> 뭐라고요? 뼈가 대체 어디로 사라진 거죠?
>
> 너

> 사실 뼈가 사라진 건 아니야. 어떤 뼈들은 하나로 합쳐지거나 함께 자라기도 해.
>
> 민디와 가이

> 그게 좋은 건가요?
>
> 너

> 음, 좋다기보다 자연스러운 현상이지. 사람이라면 누구나 성장하면서 겪는 일이니까.
>
> 민디와 가이

> 후유, 다행이다. 언젠가 내 안에 사는 해골을 꼭 만나 보고 싶어요.
>
> 너

> 그래? 그러려면 아마 굉장히 오래 기다려야 할걸?
>
> 민디와 가이

명예의 전당 - 뼈 부문

뼈는 평생 동안 무거운 무게를 견딜 만큼 튼튼해. 하지만 감당할 수 있는 것보다 더 큰 압력을 받으면 부러지거나 금이 갈 수도 있어. 예를 들어 높은 나무에서 떨어지면 뼈가 갑자기 뚝 부러지고, 나무 위에 너무 자주 올라가면 뼈에 조금씩 실금이 생길 거야.

최고의 약골을 뽑아라!

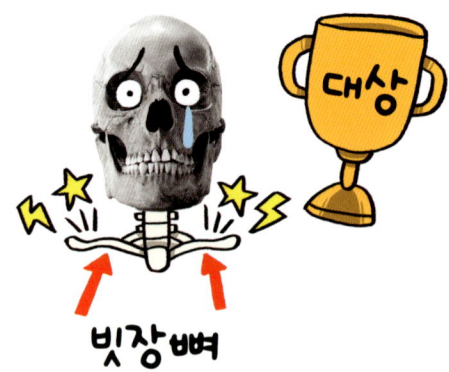

 대상 우리 몸에서 가장 자주 부러지는 뼈는 빗장뼈(쇄골)야. 두 개로 이루어진 이 뼈는 양쪽 어깨뼈(견갑골)와 가슴 한가운데의 복장뼈(흉골)를 이어 주지. 우리 몸에서 유일하게 가로로 누워 있는 뼈이기도 해.

 **우수상** 눈물뼈(누골)는 자주 부러지지는 않지만 우리 몸에서 가장 약한 뼈야. 이 뼈는 머리뼈에 있는 눈구멍 안쪽에 각각 한 개씩 들어 있어.

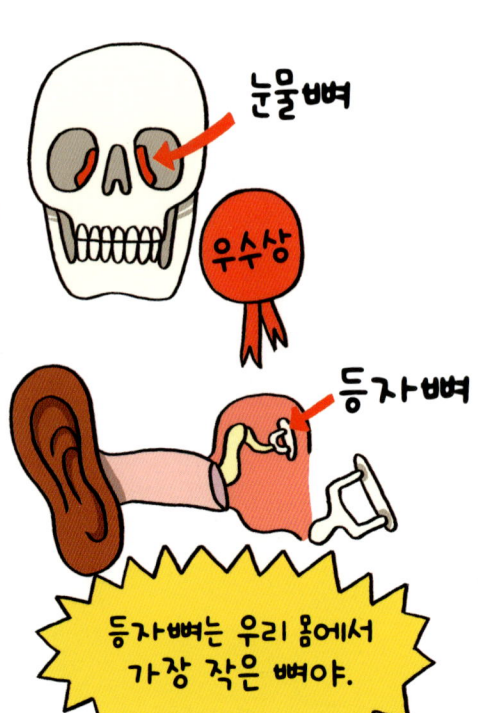

 **장려상** 말안장에 달린 발걸이처럼 생긴 등자뼈는 가운데귀 안에 있는 아주 작은 뼈야. 작은 만큼 몹시 약하지만 쉽게 찾아낼 수도 없어. 만일 등자뼈가 부러지는 희한한 일을 당했다면 그 원인을 찾기도 힘들 거야.

최고의 통뼈는?

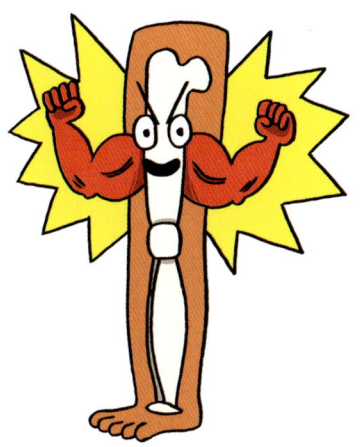

★ 우리 몸에서 가장 튼튼한 뼈는 넙다리뼈(대퇴골)야. 우리 몸에서 가장 긴 뼈이기도 한 넙다리뼈는 이름처럼 넙다리(넓적다리) 안에 있어. 엄청 굵고 단단해서 쉽게 부러지지 않지. 그러니까 아예 부러뜨릴 생각조차 하지 마. 알았지?

깁스

팔이나 다리에 깁스를 하면 주변 친구나 가족들의 사인과 함께 관심받기 좋아! 깁스는 부러진 뼈를 단단히 고정해서 다시 제대로 이어 붙이는 데 큰 도움이 돼. 부러진 뼈가 원래대로 회복되려면 꽤 오랜 시간이 걸리거든. 그동안 꾹 참고 기다려야 하지만, 그럴 만한 가치는 충분해.

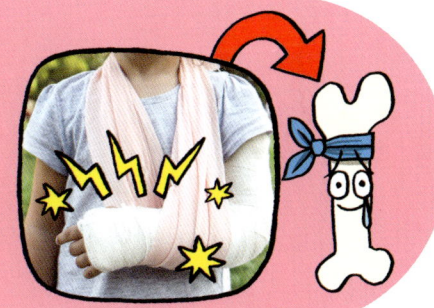

와우! 틈새 과학 상식

뼈 : 어떤 어려움도 함께라면 이겨 낼 수 있어!

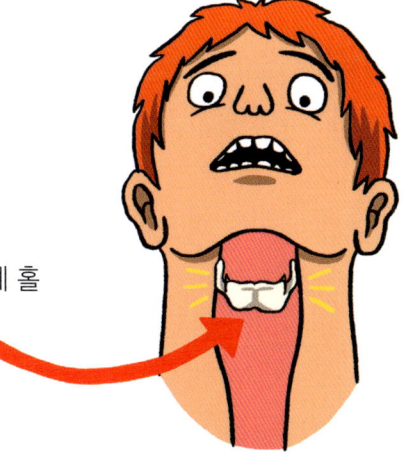

★ 우리 몸에 있는 뼈들은 한 개 빼고 모두 이어져 있어. 유일하게 홀로 있는 뼈는 목구멍에 있는 말발굽 모양의 목뿔뼈야.

★ 우리 몸에 있는 몇몇 뼈는 몸무게의 2~3배나 되는 압력도 거뜬히 이겨 낼 수 있어!

★ 사람은 보통 양쪽에 12개씩, 모두 24개의 갈비뼈가 있어. 하지만 200명 가운데 한 명은 태어날 때부터 갈비뼈 한 쌍이 더 있대!

★ 우리 몸에 있는 206개의 뼈 가운데 절반이 넘는 106개는 손발에 몰려 있어.

소중한 뼈, 오래오래 튼튼하게!

우리 몸의 틀인 뼈대는 평생 그 모습을 유지할 수 있도록 설계되어 있어. 하지만 뼈는 나이가 들수록 점점 약해져. 우리 몸을 끝까지 든든하게 떠받칠 수 있게 하려면 뼈 건강을 어떻게 챙겨야 하는지 알려 줄게.

영양가 있는 음식 우리가 좋은 음식을 많이 먹으면 아무리 빼빼 마른 뼈라도 강하고 튼튼해질 수 있어. 뼈가 좋아하는 음식은 칼슘과 비타민D가 풍부한 브로콜리, 케일, 연어, 참치, 치즈, 요거트, 달걀 등이야!

적당한 운동 뼈도 운동을 해야 해. 날마다 한 시간씩 아령 운동을 해 봐! 걷기, 달리기, 등산 등을 해도 좋아. 이렇게 근육과 중력을 이용한 운동으로 뼈에 적당히 압력을 주면 뼈가 더 튼튼해져서 성장에도 도움이 돼.

따뜻한 말 한마디 아직 과학적인 근거는 없지만, 매일 아침 눈을 떴을 때 자신의 뼈들에게 내 몸을 떠받쳐 줘서 고맙다고 인사하면 녀석들도 기뻐서 더 건강해질지 몰라. 해서 나쁠 건 없으니까 한번 해 봐!

부러진 뼈 모음집!

단단한 겉쪽
인, 칼슘 70% (7큰술)
콜라겐 27% (2~7큰술)
비콜라겐성 단백질 3% (1/3큰술)

물렁한 안쪽
블렌더에 적색 골수와 황색 골수를 넣고 고루 섞는다. 적색 골수에는 적혈구, 혈소판, 백혈구가 들어 있고, 황색 골수에는 많은 지방과 약간의 백혈구가 들어 있다.

이걸 전부 다 가지려고 욕심내면 큰일 나요!

정상 / 가로 골절 / 사선 골절 / 나선형 골절 / 분쇄 골절
떼임 골절 / 끼임 골절 / 균열 골절 / 생나무 골절

부러진 뼈들의 전쟁

뼈가 부러지면 엄청나게 아파.
다행히 뼈는 부러져도 스스로 회복하고 다시 자라는 능력이 있어.

근육 MUSCLES
티라노사우루스처럼 튼튼하게!

'근육' 하면 우리는 올림픽 역도 선수가 무거운 역기를 번쩍 들어 올리거나 헐크 같은 슈퍼히어로가 스쿨버스를 번쩍 들어 올려 위험에 빠진 아이들을 구하는 장면을 떠올리기 쉬워. 하지만 우리처럼 평범한 사람들도 제법 강한 근육을 가지고 있어.

우리가 몸을 움직이는 동작 하나하나는 모두 뇌의 명령에 따른 근육의 힘으로 만들어져. 귓속에 있는 아주 작은 근육인 등자근부터 엉덩이에 있는 거대한 큰볼기근까지 우리 몸에 있는 모든 근육은 우리가 움직이고 똑바로 설 수 있게 해 주는 훌륭한 일꾼이야.

근육, 넌 누구니?

근육은 근섬유라는 길쭉한 세포 다발로 이루어져 있어. 몸의 한 부분을 끌어당기려면 근육이 오그라들거나 줄어들어야 해. 예를 들어, 우리가 아침에 일어날 때나 이를 닦을 때는 각각 허리 근육과 팔 근육을 오그리게 되지. 근육 운동은 우리가 미처 깨닫지 못하는 사이에도 일어나. 눈을 깜박이거나 심장이 두근거리는 것도 다 근육의 움직임이거든. 우리 몸에는 세 종류의 근육이 있어. 바로 골격근, 민무늬근, 심근이야.

골격근 나는 팔, 다리 같은 곳에 많아. 뼈와 피부에 찰거머리처럼 붙어 있지. 그렇다고 나를 우습게 보지 마! 사실 내가 없으면 뼈는 움직이지도 못해. 내가 오그라들거나 쭉 늘어날 때 뼈도 함께 움직이거든. 하지만 사실 나 혼자서 뼈를 움직이는 건 아니야. 나는 너희 뜻에 따라 움직이는 '맘대로근(수의근)'이라서 램프 속 요정 지니처럼 너희가 소원을 말하면 그대로 따를 뿐이야.

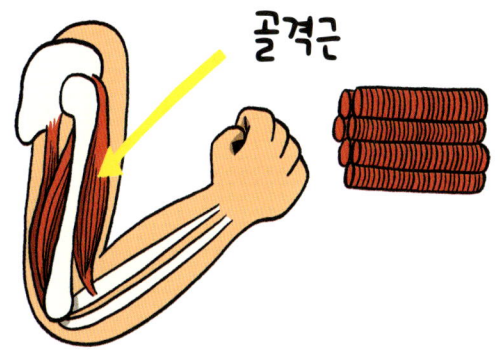

민무늬근 나는 골격근과 다르게 움직임이 활발하지 않은 부분에 있어. 생김새는 평평한 근섬유가 겹겹이 쌓인 모양이야. 나는 심장을 뺀 모든 내장의 벽을 감싸고, 공기가 통하는 길인 기도를 열어 주고, 방광의 크기를 늘렸다 줄였다 조절해. 눈에 띄지는 않지만 하루 종일 잠시도 쉬지 않고 묵묵히 일한다고 볼 수 있지. 나는 제대로근(불수의근)이라 너희가 원하든 원하지 않든 계속 일할 거야. 왜냐고? 너희 몸이 제대로 기능할 수 있게 하는 것이 내 일이거든. 너희가 실망하지 않도록 최선을 다할게!

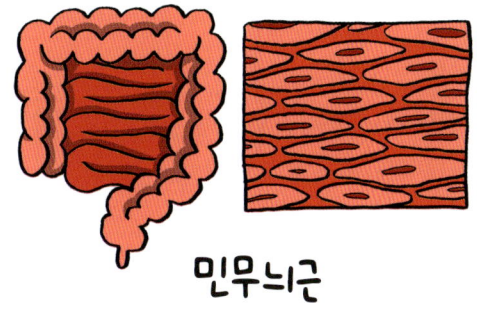

심근 잘 들어. 너희의 삶과 죽음은 내가 일하는 곳에서 결정돼! 나는 심장 벽을 이루는 근육이거든. 다른 근육들과 달리 나는 절대로 지치지 않아. 날마다 하루 종일 늘어났다 줄어들었다 반복하면서 너희 삶의 리듬에 맞추어 심장을 뛰게 하지.

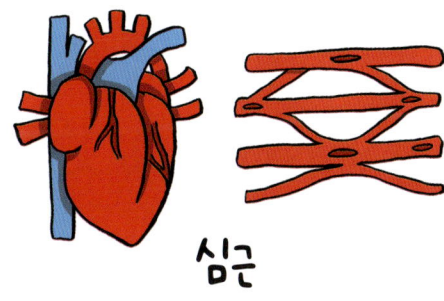

와우! 깨알 정보

★ 근육을 뜻하는 영어 '머슬(muscle)'은 생쥐라는 뜻의 라틴어 '무스(mus)'에서 비롯됐어. 고대 로마 사람들은 피부 아래에서 꿈틀대는 근육의 모습이 마치 생쥐가 돌아다니는 것 같다고 생각했대.

★ 어른의 근육량은 몸무게의 30~40퍼센트 정도야.

★ 우리 몸에는 600개가 넘는 골격근이 있어.

★ 눈 근육은 하루에 10만 번 넘게 움직여.

★ 우리 몸에 있는 500만 개 이상의 털은 저마다 모근이라는 근육을 갖고 있어.

★ 우리 몸에 있는 골격근의 수는 뼈의 세 배나 돼.

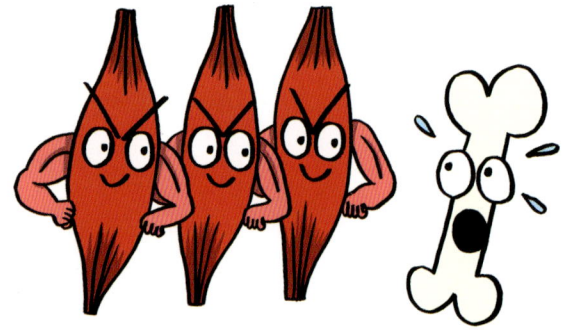

여기는 최고의 근육들이 자신을 뽐내는 머슬 매니아 대회장입니다!

오늘은 우리 몸에서 가장 강한 근육, 가장 긴 근육, 가장 큰 근육, 가장 작은 근육을 뽑을 거예요.

첫 번째는 우리 몸에서 끌어당기는 힘이 가장 세다고 알려진 근육입니다. 그렇다면 아마 가장 강한 근육일 텐데요, 바로 종아리에 있는 **가자미근**입니다!

다음은 허벅지를 따라 세로로 이어진 골격근입니다. 우리 몸에서 가장 긴 근육인 **넙다리 빗근**에게 박수를 보내 주세요!

여러분, 웃지 마세요! 우리 몸에서 가장 큰 근육은 바로 엉덩이에 있답니다. 우리가 앉았다가 일어설 수 있게 도와주는 이 근육은 바로 **큰볼기근**입니다!

가장 큰 근육을 소개했다면 당연히 가장 작은 근육도 알아야겠지요. 인간의 몸에서 가장 작은 근육을 만나 봅시다! 우리 귓속에 있는 이 근육은 길이가 겨우 1밀리미터랍니다. **등자근**을 큰 박수로 맞이해 주십시오!

와, 진짜 작다!

오늘은 여기까지입니다. 머슬 매니아 대회를 지켜봐 주신 여러분께 감사드려요.

보너스 바디 겨드랑이

겨드랑이가 어딘지는 알지? 맞아, 양쪽 팔 밑의 움푹한 곳이야. 어렵고 고상한 말로는 '액와'라고 하지. 의사 선생님 앞에서 '액와'라고 말하면 아마 깜짝 놀라실걸?

아프다고? 겨드랑이에게 물어봐!

물론 겨드랑이는 말을 못 해. (뭐, 말을 한다고? 그럼 당장 병원에 가 봐!) 하지만 겨드랑이를 보면 건강 상태를 알 수 있어. 겨드랑이에는 자잘한 림프절이 많이 있어. 림프절은 피부 표면 아래에 있는 아주 작은 콩 주머니 같은 거야. 우리를 병들게 할 수 있는 나쁜 세균이 몸속으로 들어오지 못하도록 걸러 내고 맞서 싸우는 일을 하지. 하지만 평소에는 우리 눈에 보이거나 느껴지지 않아. 만약 림프절이 느껴진다면, 퉁퉁 부어올랐기 때문일 거야. 겨드랑이의 림프절이 부어올랐다는 건 곧 '세균에 감염되었다'는 뜻이야!

겨드랑이는 우리 몸에서 가장 따뜻한 부분이야. 못 믿겠다면, 양쪽 겨드랑이에 식빵을 각각 끼우고 식빵이 점점 어떻게 변하는지 확인해 봐! 곧 따뜻해진 식빵을 먹을 수 있을지도 몰라!

겨드랑이로 할 수 있는 일

★ 물 풍선 터뜨리기

★ 도넛 데우기

★ 엘리베이터에서 냄새로 공격하기

★ 책 끼우고 다니기

★ 말 대신 동작으로 말하기 (보디랭귀지)

★ 호두 숨기기

겨드랑이로 할 수 없는 일

★ 스스로 간지럼 태우기

왜 스스로를 간지럼 태우면 간지럽지 않을까?

스스로 간지럼을 태워 본 적 있니? 전혀 간지럽지 않았을 거야. 영국 케임브리지대학교 연구원들은 그 이유가 소뇌와 관계있을 거라고 했어. 소뇌는 다양한 느낌을 예상하는 기능을 해. 스스로 간지럼을 태울 때는 소뇌가 이미 어떤 느낌이 들지 알고 있기 때문에 별로 간지럽지 않아. 반대로 다른 사람은 느닷없이 간지럼 공격을 해 오기 때문에 예상하기가 힘들고, 그래서 몹시 간지럽게 느껴지는 것이지. 스스로를 깜짝 놀라게 할 수 없는 것도 이와 똑같은 이유야!

5장

순환계, 호흡계, 비뇨계

쿵쿵, 졸졸, 솨솨~
흐름에 맡겨!

심장
사랑해, 하트!

피(혈액)
몸속에 있을 땐 무섭지 않아!

폐
누구나 가슴 속에 풍선 두 개쯤은 있잖아?

비뇨계
오줌의 힘!

심장 HEART

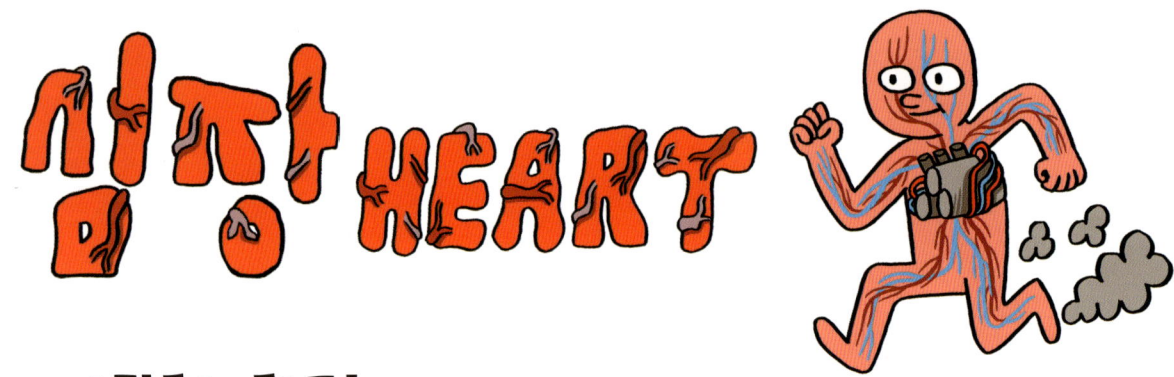

사랑해, 하트!

뇌가 우리 몸 전체를 다스리는 지휘 본부라면, 심장은 우리 몸이 살아 움직일 수 있는 힘을 주는 엔진이야. 심근이라는 튼튼하고 독특한 근육으로 이루어진 심장은 우리가 태어나기 전 엄마 배 속에 있을 때부터 쿵쿵 뛰었어. 우리가 살아 있는 동안은 단 한순간도 쉬지 않고 계속 뛸 거야. 사람은 평생 심장이 평균 25억 번쯤 뛴대. 날마다 자그마치 10만 번씩 뛰는 셈이지!

와우! 서프라이즈 : 심박수 재기

편안한 상태에서 심장은 1분 동안 몇 번이나 뛸까? 이것을 심박수라고 해. 먼저 한쪽 손의 집게손가락과 가운뎃손가락을 반대쪽 손목의 안쪽에 대고 살짝 눌러. 맥박이 툭툭 뛰는 게 느껴지지? 그럼 15초 동안 그 횟수를 센 다음, 그 수에 4를 곱해. 그게 바로 너희 심박수야.

갓난아기 120~160회   어린이 70~160회   단련된 육상 선수 40~60회   어른 60~100회

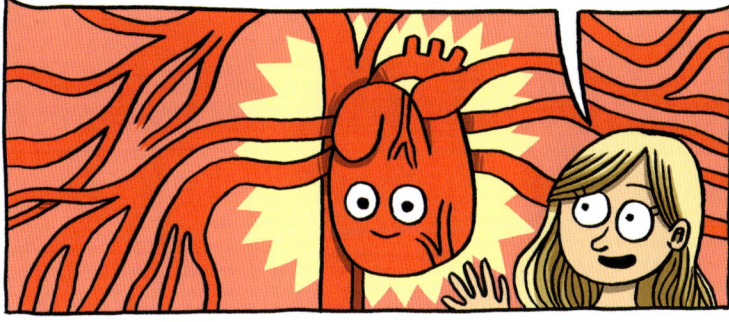

쿵쾅쿵쾅 : 이게 무슨 소리지?

눈을 감고 가슴 속 심장의 모습을 상상해 봐. 심장은 작은 사과 모양의 피로 가득 찬 쿠션이야. 방귀 쿠션처럼 소리 나는 쿠션 말이야. 심장에는 판막이라는 얇은 막이 있어. 이 막들이 계속 열리고 닫히면서 혈액을 밖으로 내보냈다가 다시 맞아들이지. 심장에 청진기를 댔을 때 들리는 쿵쿵 소리는 바로 판막이 닫힐 때 나는 소리야! 나중에 이 소리를 듣게 되면, 그 순간 심장의 모습을 상상해 봐!

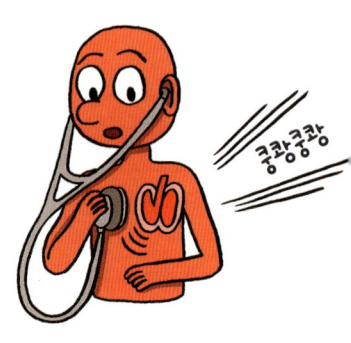

와우! 틈새 과학 상식

★ 갓난아기의 심장은 탁구공과 비슷한 크기야. 어린이의 심장은 얼추 자신의 주먹만 하고, 어른의 심장은 대개 자기 주먹보다 더 커. 하지만 이건 사람마다 달라.

★ 심장은 전기 신호의 힘으로 움직여.

★ 어른의 심장은 평균 무게가 340그램쯤 돼. 수프 통조림과 비슷한 무게지.

★ 2017년 미국 콜로라도대학교의 연구 발표에 따르면 사랑하는 두 사람이 서로 손을 잡았을 때는 심장이 동시에 똑같이 뛴대.

★ 심장은 하루에 평균 10만 번 펌프질을 해서 약 7,570리터의 혈액을 밖으로 내보내!

★ 심장은 트럭이 32킬로미터를 달릴 수 있을 정도의 에너지를 매일 만들어 내!

피 BLOOD

몸속에 있을 땐 무섭지 않아!

혈액은 우리를 건강하게 살게 해 주기 위해 쉴 새 없이 무언가를 실어 나르는 배달원이야. 우리 몸 구석구석을 돌면서 산소며 영양분, 병균과 맞서 싸울 백혈구 등을 배달하고, 세포들이 내놓은 쓰레기를 치우는 일을 해. 심장이 끊임없는 펌프질로 혈액을 내보내는 것처럼 혈액도 쉬지 않고 쳇바퀴 돌듯 우리 몸속을 계속 돌고 있어. 바쁘다, 바빠!

우리의 혈액 속에 있는 세포 성분을 알아보자!

팀 이름 : 적혈구

하는 일 : 세포들에게 산소를 가져다주고, 쓰레기로 나온 이산화탄소를 치운다.

재미있는 사실 : 혈액 세포 가운데 가장 많다. 적혈구가 붉은색을 띠는 건 폐에서 얻는 산소 때문이다.

수명 : 4개월

와우~ 백혈구들은 진짜 힘들겠네요!

팀 이름 : 백혈구

하는 일 : 나쁜 세균과 바이러스 같은 침입자들을 잡아먹어서 감염을 막는다.

재미있는 사실 : 평소에는 적혈구에 비해 훨씬 수가 적지만, 아플 때는 몸에서 더 많은 백혈구를 만들어 낸다. 병균이 우리를 위협하면 건강을 지키기 위해 백혈구 부대가 몰려와서 싸운다.

수명 : 몇 시간~몇 년

백혈구

힘들긴 하겠지만 불쌍하게 여기지 않아도 돼요. 매일 새로운 백혈구들이 만들어지니까요.

팀 이름 : 혈소판

하는 일 : 혈관이 터졌을 때 가장 먼저 나서서 혈액이 새는 것을 막는다. 자신들끼리 그물을 짜서 혈액을 굳히는 것이다. 따라서 혈소판 수가 부족하면 피가 잘 멈추지 않는다.

수명 : 10일

혈소판

흠, 혈소판도 매일 새로 만들어지나요?

네! 뼛속의 골수에서 만들어져요.

와우! 깨알 정보

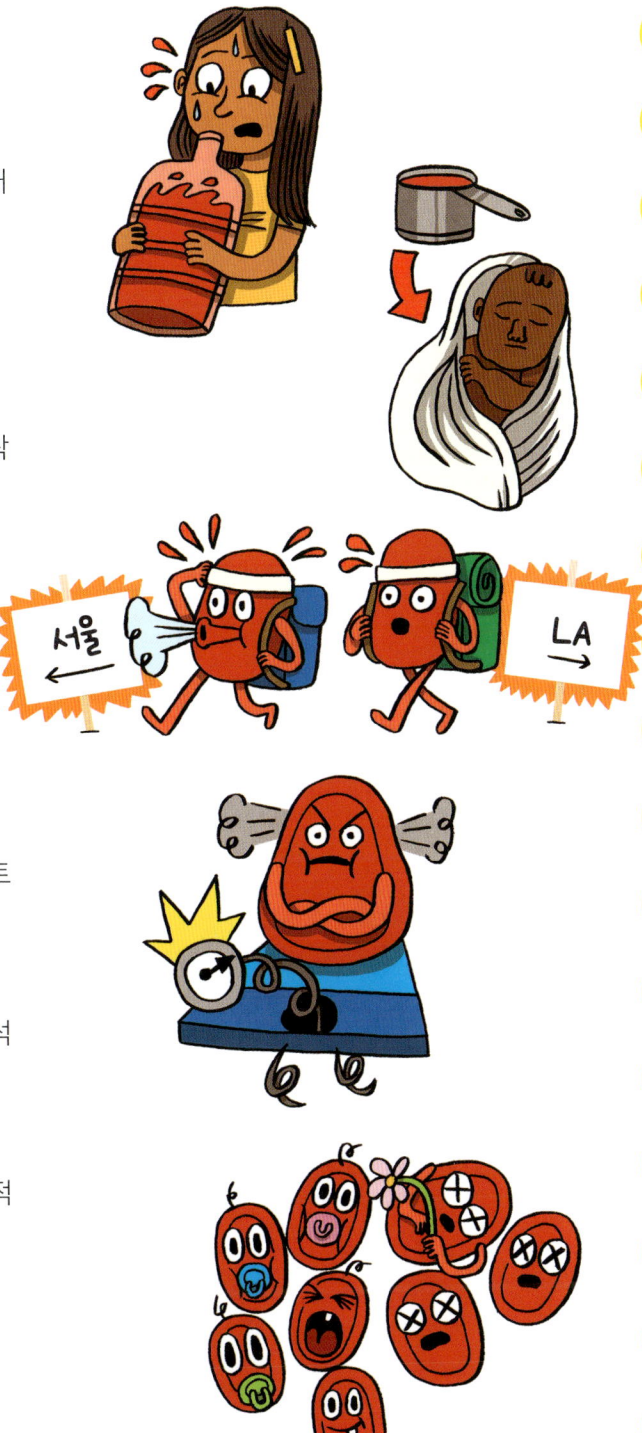

★ 우리 몸속에는 약 5.7리터의 혈액이 들어 있어.

★ 갓난아기의 몸속 혈액량은 고작 1컵 정도야.

★ 우리 몸에서 가장 가느다란 혈관은 머리카락 굵기의 3분의 1 정도야.

★ 우리 몸속 혈액은 매일 1만 9,000킬로미터를 돌아다녀. 이는 서울에서 미국 로스앤젤레스(LA)를 왕복할 수 있는 어마어마한 거리지!

★ 우리 몸속 혈액 무게는 몸무게의 약 8퍼센트를 차지해.

★ 혈액 세포는 심장에서 나와 우리 몸 구석구석을 도는 여행을 하루에 1,000번쯤 거듭해.

★ 뼛속 골수에서는 죽은 적혈구를 대신할 새 적혈구를 1초에 200만 개씩 만들어 내.

직접 실험은 No!

와우!

어른의 몸속 혈관을 한 줄로 이으면 길이가 얼마나 될까? 지구 둘레를 거의 세 바퀴는 돌 수 있는 약 12만 킬로미터쯤 될 거야!

순환계의 활동

지금부터 경기 규칙을 설명한다.
심장, 잘 들어라!
너는 계속 펌프질을 해서 혈액을 밖으로 내보내!

보통 붉은색을 띠는 동맥은 심장에서 나온 혈액이 지나가는 길이야.

혈액! 너는 심장에서 나오면 곧장
몸의 구석구석을 돌아다니며 세포들에게 산소를 배달해!
지름길 같은 건 없다! 혈액이 오지 않아서
손이나 발이 저린 일은 없어야 한다. 알겠나?

어머, 그건 잘못된 정보예요!
손발이 저린 이유는 피가 통하지 않아서가 아니라 신경이 눌려서 그런 거라고요.

보통 푸르스름한 빛을 띠는 정맥은 혈액이 심장으로 돌아갈 때 지나는 길이에요.

큼큼, 한 가지 더!
배달을 마치면 곧장 심장으로 돌아가야 한다!

마지막으로 폐, 잘 들어라!
혈액이 심장으로 돌아왔다가 너에게 가면 새 산소를 더 줘라. 그럼 지금까지의 과정이 다시 시작된다.
이 사람이 죽을 때까지 그 과정을 계속 반복하면 돼! 다들 알겠지? 좋아, 그럼 어서 일을 시작하도록!

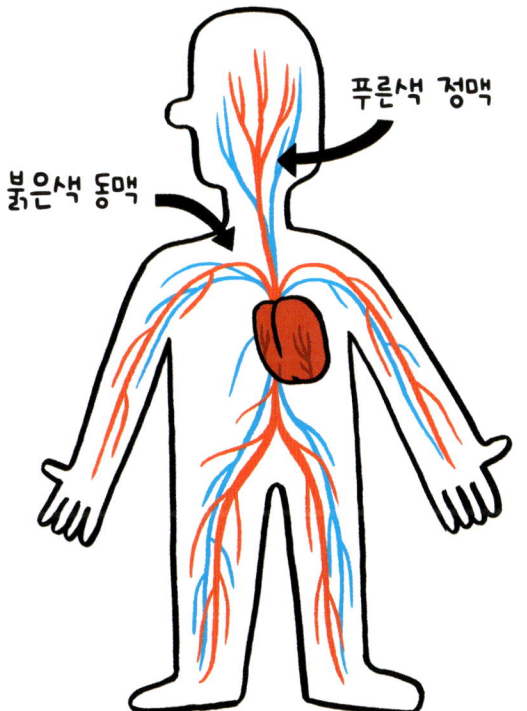

푸른색 정맥
붉은색 동맥

폐 LUNGS

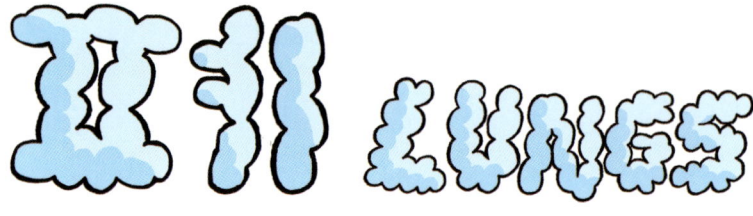

누구나 가슴 속에 풍선 두 개쯤은 있잖아?

우리 가슴 속에는 폐라는 커다란 주머니 한 쌍이 있어. 폐는 우리 몸에서 엄청나게 중요한 기관이야. 폐가 없으면 숨을 쉴 수도 없고 말할 수도 없어. 울거나 소리치지도 못해. 노래도 못 부르고, 딸꾹질도 할 수 없어! 우리가 살 수 있는 건 폐가 쉴 새 없이 가스를 교환해 주기 때문이야.

폐는 흐르는 혈액에 산소를 내주고, 혈액이 가져온 쓰레기인 이산화탄소를 받아서 몸 밖으로 내보내. 끝없이 반복되는 이 과정은 매우 중요해. 그래서 폐는 갈비뼈와 등뼈, 복장뼈로 이루어진 '가슴우리'라는 보호 장치 안에 들어 있어. 가슴우리는 소중한 두 개의 풍선을 지켜 주는 탄탄한 갑옷인 셈이야!

폐의 힘을 느껴 보자!

가슴에 한 손을 대고 숨을 깊게 들이마셔 봐. 가슴이 넓게 펴지면서 부풀어 오르는 게 느껴지니? 이제 숨을 천천히 내쉬면 가슴이 다시 원래대로 돌아올 거야.

그게 바로 **폐의 힘**이야!

독점 인터뷰 : 폐 브라더스, 그들은 누구인가?

민디 너희가 하는 일을 간단히 설명해 줄래?

폐 브라더스 몸속으로 들어온 산소를 받아서 혈액에 내주고, 혈액이 가져온 쓸모없는 이산화탄소를 몸 밖으로 내보내는 일을 해.

민디 와, 멋지다! 그런데 너희는 늘 그렇게 똑같이 말하니?

폐 브라더스 우리는 모든 걸 똑같이 함께해.

민디 아하, 생긴 것도 똑같고, 완전 쌍둥이네!

오른쪽 폐 그렇진 않아. 내가 얘보다 좀 더 크거든.

왼쪽 폐 흥, 나는 심장과 같은 방을 쓰잖아! 그게 얼마나 갑갑한지 알아?

민디 워워, 진정해. 그러니까 왼쪽 폐는 심장과 같은 가슴우리에 들어 있어서 욕심껏 덩치를 키울 수 없다는 거지?

왼쪽 폐 흥, 기분 나쁘니까 그 이야기는 그만!

민디 알았어. 그럼 너희를 모르는 사람들을 위해 직접 생김새를 설명해 줄래?

오른쪽 폐 음, 우리는 겉보기에 분홍빛의 물컹한 스펀지처럼 생겼어.

왼쪽 폐 하지만 안쪽을 들여다보면 분홍빛 브로콜리가 생각날 거야.

민디 엥? 웬 브로콜리?

오른쪽 폐 폐 안쪽에는 작은 브로콜리 잔가지와 비슷한 '세기관지'가 잔뜩 들어 있거든. 세기관지는 기관에서 뻗어 나온 좀 더 굵은 가지인 기관지와 이어져 있어.

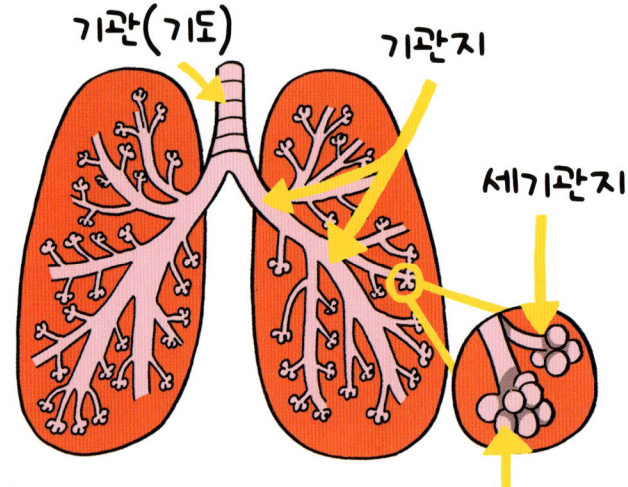

민디 그렇구나. 기관은 목구멍과 폐 사이에 있는 공기 통로인 기도를 말하는 거지?

오른쪽 폐 맞아. 그러니까 네가 숨을 들이마시면 산소가 기관을 타고 들어와서 기관지를 따라 퍼져 나가. 뒤이어 세기관지를 지나 마침내 허파꽈리(폐포)에 다다르지.

민디 허파꽈리? 무슨 꽹과리 같은 건가? 아니면 꽈배기?

왼쪽 폐 뭐래…….

오른쪽 폐 잘 들어. 세기관지 끝에 달린 허파꽈리는 작은 포도송이처럼 생긴 공기 주머니야. 모세혈관이라는 아주 가느다란 혈관들이 그물처럼 허파꽈리를 감싸고 있지.

왼쪽 폐 네가 공기를 들이마시는 들숨을 쉬면, 약 6억 개의 허파꽈리에 공기가 가득 채워지면서 폐는 부풀어 올라!

오른쪽 폐 심장에서 나와 모세혈관을 타고 허파꽈리까지 온 혈액은 공기 중의 산소를 빨아들여. 그런 다음 온몸 곳곳으로 실어 나르지.

민디 와우! 신기해라. 그럼 내가 공기를 내뱉는 날숨을 쉴 때는 어떤 일이 일어나?

왼쪽 폐 거꾸로 생각하면 돼.

오른쪽 폐 허파꽈리에 온 혈액은 산소를 가져가기 전에 먼저 우리 몸 곳곳에서 싣고 온 이산화탄소를 쏟아 내. 네가 날숨을 쉬면 허파꽈리 속의 이산화탄소는 기관으로 거슬러 올라가. 그리고 마침내 코와 입을 통해 몸 밖으로 나가지!

민디 그러니까 요약하면 폐는 산소와 이산화탄소를 바꿔 주는 몸속 가스 교환소구나?

폐 브라더스 그래, 그게 바로 우리야!

숫자로 본 폐

★ 18~30회 : 6~12세 어린이가 1분 동안 숨 쉬는 횟수

★ 7,570리터 : 보통 어른이 하루 동안 들이쉬고 내쉬는 공기의 양으로, 2리터짜리 생수 통으로 바꿔 생각하면 약 400개 정도 됨

★ 2,400킬로미터 : 폐 속에 뻗어 있는 공기 통로인 기관지와 세기관지를 한 줄로 이은 길이

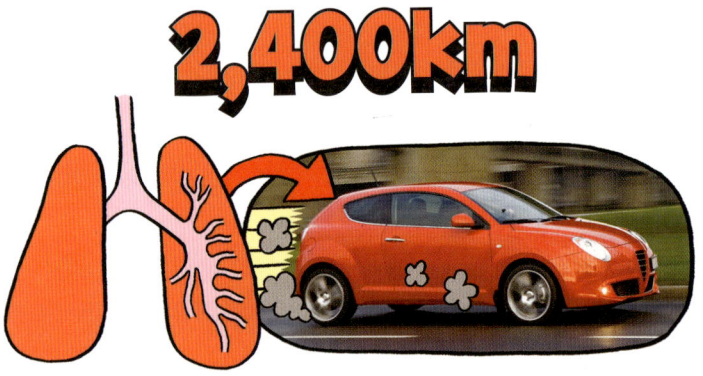

★ 6억 개 : 양쪽 폐에 있는 허파꽈리의 개수. 모든 허파꽈리를 갈라서 쫙 펼치면 테니스 코트 전체를 덮고도 남을 거야!

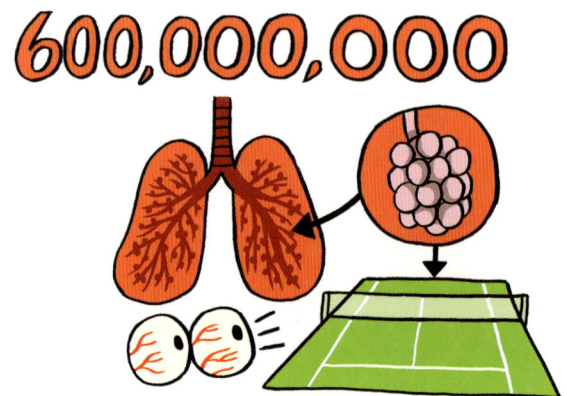

★ 5억 회 이상 : 사람이 80세까지 사는 동안 숨 쉬는 총 횟수

비뇨계 URINARY SYSTEM

오줌의 힘!

오줌(소변)은 이름만 들어도 왠지 큭큭 웃음이 나는 이상한 말이 아니야. 한창 게임에 빠져 있을 때 나를 방해하는 귀찮은 존재는 더더욱 아니지. 오줌은 우리 몸속에 생긴 찌꺼기를 내보내는 수단이야. 몸에서 쓰고 남은 물과 몸에 흡수되지 않는 영양분, 그 밖에 몸이 원하지 않는 온갖 쓰레기를 오줌으로 만들어서 내보내는 거지. 비뇨계란 이런 일을 하는 기관들을 일컫는 말로, 한마디로 우리 몸의 청소부라고 할 수 있어! 비뇨계를 이루는 네 가지 기관을 소개할게.

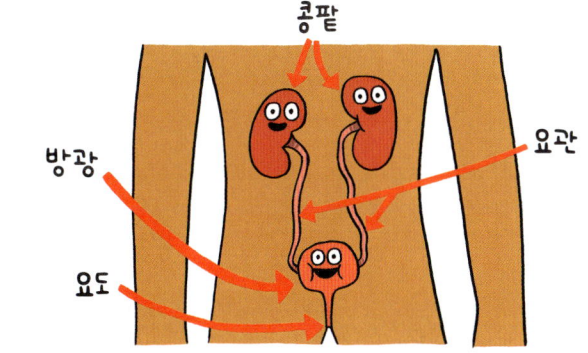

콩팥(신장) 혈액이 실어 온 쓰레기를 받아서 오줌을 만드는 곳이야.

요관(오줌관) 콩팥과 방광 사이를 잇는 두 개의 대롱이야. 오줌이 이 대롱을 따라 이동하지.

방광(오줌보) 오줌을 담는 커다란 자루야!

요도(오줌길) 오줌 마을로 가는 마지막 기차야. 목적지는 화장실 역이지!

요도에 대한 설명은 잘 이해가 안 돼요.

오줌이 몸 밖으로 나가기 전 마지막으로 지나는 길이라는 뜻이에요.

아…….

붉은 강낭콩 두 알 - 콩팥

우리 몸은 소화를 통해 우리가 먹은 음식물에서 좋은 영양분을 쏙쏙 가져가. 이 과정에서 쓸모없는 찌꺼기가 생기는데, 바로 이때가 콩팥이 나설 차례야. 콩팥은 몸에 흡수되지 않는 찌꺼기와 남는 영양분을 모아서 그중 일부를 오줌으로 만들어. 그러니까 오줌은 몸속 쓰레기를 비워 내는 수단인 거지.

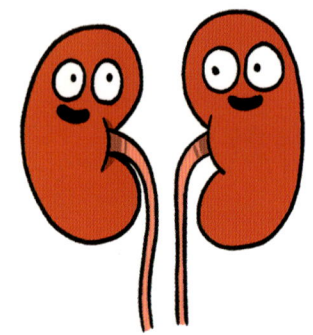

콩팥이 어디 있는지 못 찾겠다고? 그건 좋은 신호야. 콩팥이 너희 몸속에서 있어야 할 자리에 있다는 뜻이니까. 콩팥은 등 쪽 가슴우리 뒤에 있어. 양 손바닥을 엉덩이 윗부분에 대고 갈비뼈가 느껴지는 곳까지 그대로 쭉 올라와 봐. 갈비뼈가 만져지는 순간, 엄지손가락이 놓인 위치가 바로 콩팥이 있는 자리일 거야.

콩팥은 거대한 강낭콩 두 알처럼 생겼어. 그래서 영어로는 콩팥을 '키드니(kidney)'라고 해. '키드니 빈(kidney bean)'이 강낭콩이라는 뜻이거든. 콩팥은 길이 약 13센티미터, 폭은 약 8센티미터로 어른 주먹과 비슷한 크기야. 똑같이 생긴 두 개가 한 쌍을 이루는데, 한 개만 있어도 살 수는 있어. 그런데도 한 개가 더 있는 건 그만큼 우리 몸에서 콩팥의 역할이 매우 중요하기 때문이지!

콩팥은 '좌우 대칭'의 좋은 예야. 우리 몸에는 거의 똑같이 생긴 두 기관이 몸의 왼쪽 오른쪽에 각각 있는 경우가 많아. 예를 들어 눈, 귀, 팔, 다리, 콩팥처럼 말이야. 그러니까 우리 몸의 왼쪽 오른쪽은 서로 거울에 비친 모습처럼 대칭을 이루어. 우리 몸의 위쪽과 아래쪽도 이렇게 대칭을 이룬다면 어떨까? 으으, 그건 좀 끔찍할 것 같아!

방광

방광(오줌보)은 오줌을 담아 두는 자몽만 한 크기의 주머니야. 방광에 최대로 담을 수 있는 액체의 양은 1.5~2컵(350~475밀리리터) 정도지만, 보통 방광이 반쯤 채워지면 오줌이 마려운 느낌이 들지.

아스파라거스의 달인

1971년, 미국 정치가이자 과학자 벤저민 프랭클린은 '아스파라거스 몇 줄기를 먹으면 오줌에서 불쾌한 냄새가 난다'라는 글을 통해 자신이 진정한 아스파라거스의 달인이라는 사실을 보여 줬어. 음, 프랭클린이 세계 최초로 아스파라거스를 먹은 뒤 자신의 오줌 냄새를 맡아 본 사람은 아닐지도 몰라. 하지만 그 사실을 드러내 놓고 문장으로 표현한 사람은 프랭클린이 최초였지. 프랭클린 씨, 오줌으로도 이름을 널리 알릴 줄은 몰랐네요!

왜 아스파라거스를 먹은 뒤 오줌을 누면 고약한 냄새가 날까?

과학자들도 아직 정확한 이유를 밝혀내지는 못했어. 하지만 아스파라거스가 소화 과정 중에 분해되면서 고약한 냄새가 만들어진다는 가설에는 많은 이들이 동의하는 편이야.

2016년 하버드대학교의 과학 연구원들은 약 7,000명의 실험 참여자들에게 아스파라거스를 먹인 뒤 자신의 오줌 냄새를 맡게 했어! 그 결과, 고약한 냄새를 느낀 사람은 고작 전체의 40퍼센트였대.

과학자들은 이 실험 결과를 바탕으로 아스파라거스 오줌에서 특별한 냄새를 느낄 수 있는 능력은 유전자와 관련 있다고 발표했어. 다시 말해, 부모가 고약한 냄새를 맡을 수 있으면 자식들도 맡을 수 있다는 거지. 이번 기회에 너희도 가족들과 과학 실험을 해 보는 게 어때?

가이 씨, 세상에서 가장 구역질 나는 게 뭘까요?

글쎄요, 한 번 쓴 일회용 반창고를 또 쓰는 것?

고대 로마 사람들 중에는 오줌으로 양치질을 하는 사람들이 있었대요. 오줌이 이를 더 깨끗하고 하얗게 해 준다고 믿었기 때문이지요.

어윽, 설마 직접 따라 해 볼 건 아니지요?

무슨 소리예요! 게다가 이건 과학적 근거가 전혀 없는 속설인걸요.

좋아요. 이번엔 내 차례예요. 세상에서 가장 구역질 나는 게 뭘까요?

자신이 삼킨 먹이를 토해서 새끼에게 먹이는 저 어미 새?

아니에요. 미국 육군 수칙에는 비상 상황에서 살아남기 위해 자신의 오줌을 마셔서는 안 된다는 내용이 있어요. 오줌에 있는 소금기가 상황을 더 나쁘게 만들 수 있거든요.

우웩! 자기 오줌을 마시면 안 된다는 걸 굳이 수칙으로 정해야 하나요?

인간은 생존을 위해서라면 무슨 행동이든 할 수 있거든요! 만약의 사태에 대비하려고 만든 수칙 같아요.

와우! 틈새 과학 상식

★ 보통 사람들은 하루에 6~7번쯤 오줌을 눠.
 (못 믿겠으면 직접 세어 봐!)

★ 사람은 나이가 들수록 오줌을 더 자주 눠.
 (너희는 먼 훗날에야 느낄 수 있을 거야!)

★ 건강한 사람이 오줌을 누는 데 걸리는 시간은 8~34초 정도야. (이건 너희도 당장 확인할 수 있어!)

오줌 색을 통해 알 수 있는 것

잠깐! 오줌을 누고 변기 물을 내리기 전에 할 일이 있어. 방금 눈 오줌 색깔이 어떤지 살펴보는 거야. 오줌 색깔을 보면 자신의 건강 상태를 대강 알 수 있거든. 이 페이지를 사진으로 찍거나 복사해서 화장실 변기 옆에 붙여 두고 참고해 봐!

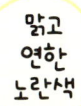 ➡ 몸속에 수분이 많다는 뜻이야. 오줌 색깔이 탁한 노란색을 띨 때까지 물을 좀 덜 마시도록 해!

 ➡ 몸속 수분의 양이 적당하다는 뜻이야. 완벽한 오줌을 눈 너를 오줌왕으로 임명할게!

 ➡ 오줌이 꿀이나 늙은 호박 같은 색깔이라면 별로 좋지 않은 징조야. 몸속 수분이 많이 부족하니까 당장 물을 한 잔 마셔!

우리 몸 대상 시상식

보너스 바디

우리 몸에서 가장 크고, 가장 작고, 가장 짧고, 가장 튼튼한 기관은 무엇일까요? 지금부터 그 수상자들을 발표합니다!

첫 번째 수상자는 피부입니다!

지금 피부가 당당하게 걸어 나오고 있네요!

오늘 밤 피부는 '우리 몸에서 가장 큰 기관' 상을 받게 됩니다!

피부는 우리 몸 바깥쪽을 전체적으로 감싸고 있는 기관이죠. 어른의 피부 무게는 평균 3.6킬로그램이고, 넓이는 약 2제곱미터라고 해요.

우리 몸에 걸쳐진 모습이 정말 멋지죠?

멋진 게 다가 아니에요. 피부가 없다면 몸속 수분이 모두 말라서 금세 목숨을 잃을 거예요! 피부에게 축하의 박수를 보내 주자고요!

6장
소화계

음식물이 똥이 되기까지

소화
음식물이 내려간다, 쭈우욱!

똥
철퍼덕, 똥 덩어리

방귀
피리 부는 엉덩이

음식물이 내려간다, 쭈우욱!

우리 몸속으로 들어간 것은 반드시 똥으로 나와야 해! 입으로 들어간 음식물이 전혀 다른 모습이 되어 반대쪽으로 나올 때까지 어떤 과정을 거칠까? 지금부터 음식물이 우리 몸에 필요한 연료로 변하는 과정인 소화에 대해 알아보자!

음식물을 우리 몸에 필요한 연료로 사용하려면 먼저 잘게 부수어 분해해야 해. 그러면 몸이 영양분만 쏙쏙 빨아들여서 하루를 보내는 데 필요한 에너지를 채울 수 있어.

음식물의 소화 과정

1단계 : 이게 무슨 냄새지? 소화는 음식물이 입으로 들어가기 전부터 시작될 수 있어. 후각을 자극하는 음식만 있어도 입에 침이 고일 수 있거든. 갓 구운 쿠키, 영화관에서 파는 팝콘, 팬에 눌어붙은 치즈 같은 것들 말이야. 너희를 특별히 군침 흘리게 하는 음식은 뭐니?

2단계 : 자, 이제 먹자! 음식을 한 입 크게 베어 물고 꼭꼭 씹어 봐. 잘게 부서지도록 꼭꼭 씹어! (참, 음식을 씹을 때는 입을 벌려선 안 돼. 너희 입속에서 무슨 일이 벌어지고 있는지 보고 싶은 사람은 아무도 없어!) 꼭꼭 씹을 때마다 음식물이 온통 미끈거리는 침으로 뒤덮여서 삼키기가 쉬워져. 또 침에 들어 있는 아밀라아제라는 소화 효소가 이때부터 음식물의 탄수화물과 당 성분을 분해하기 시작해.

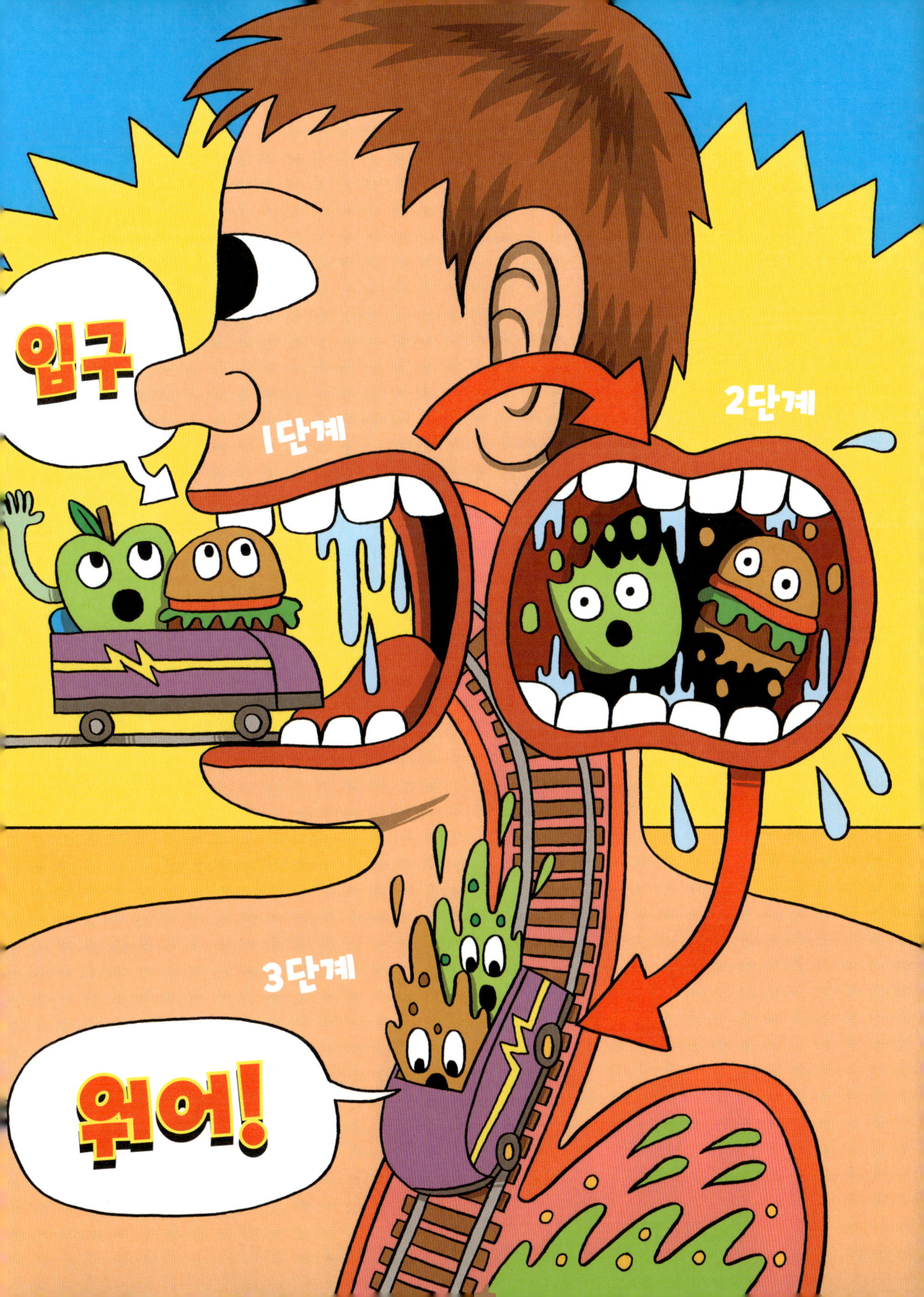

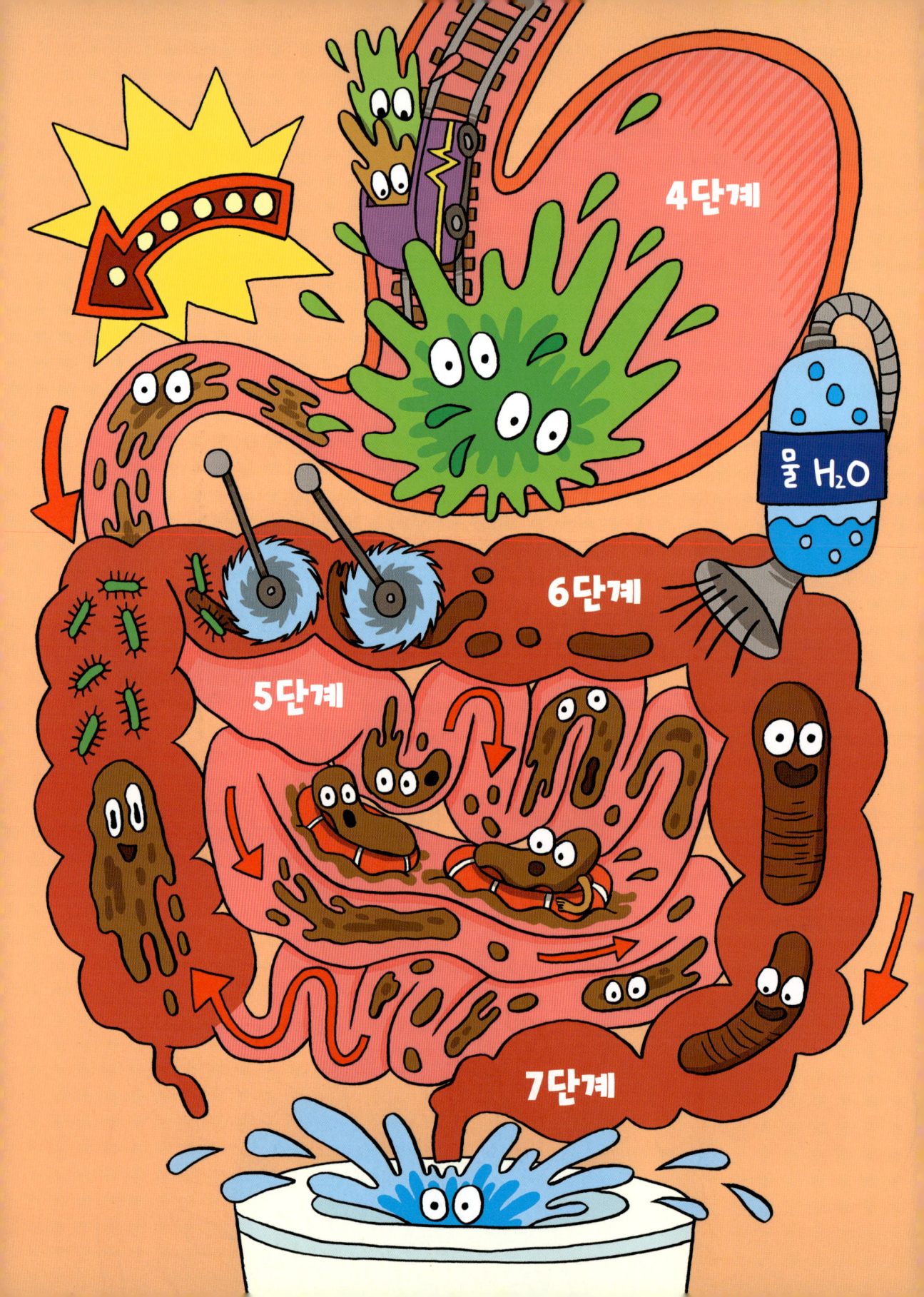

3단계 : 밀어서 삼켜! 음식물을 목구멍으로 넘겨서 꿀꺽 삼키면 식도라는 긴 통로를 따라 내려가게 돼. 목구멍 근육은 식도 입구에 다다른 음식물을 위까지 쑥 내려갈 수 있도록 반사적으로 힘껏 밀어내지.

깨알 정보

물구나무서기를 하거나 박쥐처럼 거꾸로 매달려 있어도 음식을 삼킬 수 있다는 사실을 알고 있니? 음식이 위 속으로 들어가는 데 중력의 도움은 필요 없기 때문이래.

4단계 : 드디어 배 속이다! 위로 들어간 음식물을 맞이하는 건 좌르르 쏟아지는 위액이야! 동시에 위 근육이 음식물을 이리저리 휘저으며 뒤섞어서 훨씬 더 잘게 부수지. 위 입구에 있는 괄약근이라는 작은 고리 모양의 근육은 음식물이 식도로 빠져나가지 못하게 하는 역할을 해. 만일 음식물이 다시 왔던 길로 도망치려고 하면 괄약근이 오므라들면서 입구를 막아 버려!

깨알 정보

건강한 위벽은 점액이 두껍게 감싸고 있기 때문에 독한 위산의 자극에도 끄떡없어. 하지만 점액이 없으면 위벽이 헐어.

5단계 : 시작은 작은창자부터! 이제 음식물은 걸쭉한 액체 상태로 변했어. 이 정도면 작은창자를 따라 이동하기 딱 좋은 농도야. 작은창자 벽에는 융털이라는 손가락 모양의 아주 작은 돌기들이 돋아 있어. 융털은 음식물에서 영양분을 쏙쏙 뽑아 혈액에 전하고, 혈액은 그것을 우리 몸 곳곳으로 실어 날라. 소화 과정 가운데 가장 신기한 일은 대부분 작은창자에서 일어나지.

깨알 정보

작은창자는 길이 약 6미터에 폭은 2.5센티미터쯤 돼!

깨알 정보

조선 시대에는 왕의 똥을 '매화'라고 불렀어. 왕의 건강을 책임지는 어의는 날마다 매화를 살펴보고 심지어 맛보기까지 했대. 우웩!

6단계 : 똥을 만들자! 작은창자에서 빨아들인 영양분이 혈액에 전달되면, 곧 우리 몸 곳곳에 새로운 연료가 든든히 채워져. 영양분이 빠지고 남은 찌꺼기는 어디로 갈까? 바로 큰창자로 가지! 큰창자는 찌꺼기에 남은 수분을 빨아들인 뒤, 미처 소화되지 않은 음식물을 세균과 섞어서 살짝 말려. 그런 다음 이 재료들로 황금빛의 특급 똥을 만들어 내!

깨알 정보

큰창자는 길이 약 1.5미터에 폭은 7.6센티미터쯤 돼. 작은창자보다 짧지만 더 굵어.

7단계 : 화장실 마을로 가는 마지막 정류장 우리가 먹은 음식물은 지금까지 약 스물네 시간에 걸쳐 소화된 뒤 몸에 필요한 연료로 바뀌었어. 똥이 된 찌꺼기는 이제 몸 밖으로 내보낼 거야. 그런데 아직 준비가 안 됐다면? 다행히 우리 몸에는 똥이 대기할 수 있는 곳이 있어. 바로 근육으로 된 '직장'이라는 방이야. 똥은 우리가 밀어낼 준비가 될 때까지 직장에 머무르지. 하지만 똥을 너무 오래 내버려 두진 마! 위에서 내려오는 똥이 또 있는데, 설마 똥을 잔뜩 쌓아 두고 싶은 건 아니겠지?

깨알 정보

어른을 기준으로 입에서 항문까지 이어지는 소화 경로의 총길이는 약 9미터나 돼!

아, 배 아파! - 복통

배가 아픈 원인은 매우 다양해. 사실 복통은 어딘가 몸에 문제가 있음을 알리는 신호이기도 해. 스트레스가 심하거나 변비가 있을 때도 배가 아프지만, 가장 흔한 원인은 위에 탈이 생긴 '위장 장애'야. 이는 위가 무언가에 알레르기 반응을 일으켰거나 위 속에 나쁜 세균이 들어왔다는 뜻일 수 있어.

다행히 우리 몸에는 이런 상황을 해결하기 위한 대책이 있어. 바로 구토와 설사야! 위로 내보내거나 아래로 내보내는 거지. 안타깝게도 둘 다 우리를 힘들게 하는 현상이야. 하지만 구토와 설사는 위에 침입한 나쁜 세균들을 완전히 몰아낼 수 있는 강력한 수단이지. 그러니까 좋게 생각해!

철퍼덕, 똥 덩어리

'브리스톨 대변표'로 알아보는 똥의 유형

1997년 영국 브리스톨대학교의 켄 히튼 박사는 66명의 지원자들을 대상으로 똥 누기 훈련을 시켰어. 이들은 매일 먹은 음식을 기록하고, 똥을 누고 그 상태를 일기에 적었지. 히튼 박사는 그 일기들을 모아서 브리스톨 대변표를 만들었어. 이것은 똥의 굳기와 모양을 바탕으로 똥의 종류를 정리한 차트야.

왜 굳이 이런 차트를 만들었느냐고? 똥을 누는 건 쉽지만 똥에 대해 말하기는 어려울 수 있거든. 히튼 박사는 환자들이 자기 똥의 모양과 단단한 정도를 더 자세히 표현할 수 있게 돕고 싶었던 거야. 이 차트는 의사들이 소화 관련 질환을 진단하는 데도 도움이 돼. 똥이라는 지저분하고 우스운 소재를 새로운 차원으로 끌어올린 거지.

유형 1 : 토끼 똥처럼 작은 덩어리로 나뉜 단단한 똥. 눌 때 몹시 힘듦.

★ 변비의 징조야!

유형 2 : 울퉁불퉁한 소시지 모양의 똥

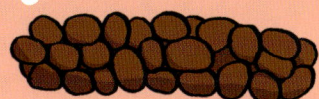

★ 변비의 또 다른 징조야!

유형 3 : 쩍쩍 갈라진 소시지 모양의 똥

★ 똥을 1분 안에 눴나?

★ 똥이 부드럽게 쑥 나왔나?

★ 위의 질문에 대한 답이 '그렇다'라면 축하해!
  네 똥은 제법 건강한 편이야!
  이제 변기 물을 내리고 손을 깨끗이 씻은 뒤 즐겁게 생활하면 돼.

유형 4 : 소시지나 뱀처럼 길고 미끈한 똥

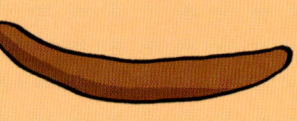

★ 이게 바로 특A급 똥!
  늘 이런 미끈한 똥을 눌 수 있다면 얼마나 좋을까?
  1~3일에 한 번씩 이런 똥을 누는 걸 목표로 삼자!

유형 5 : 뚝뚝 끊어진 덩어리 모양의 부드러운 똥

★ 좋은 소식 : 쉽게 나온다.

★ 나쁜 소식 : 예고 없이 갑자기 나오며
  곧 설사가 이어진다는 신호일 수 있다.

유형 6 : 가장자리가 너덜너덜한 곤죽 같은 똥

★ 이런 똥을 하루에 세 번 넘게 눈다면
  설사병일 가능성이 커.
  충분한 물과 함께 이온 음료를
  마시도록 해.

유형 7 : 수프 같은 물똥

★ 성난 폭포수처럼 쫙쫙 쏟아지는 똥을 눈다면 설사병이 난 게 확실해. 이런 증상이 이틀 넘게 이어지면 부모님과 꼭 병원에 가야 해. 설사병은 몸속 수분이 부족해서 생기는 탈수증을 일으킬 수 있어.

유형 1, 2

똥이 딱딱한 변비 춤을 추고 있군!

유형 3, 4

네 똥은 완벽한 베스트 댄서야!

유형 5, 6, 7

흐물흐물 좍좍 설사 디스코!

무엇이든 물어보세요!

첫 번째 편지

어젯밤 저녁에 옥수수를 먹었는데, 오늘 아침 똥에 옥수수알이 그대로 보였어요. 제 몸에 무슨 문제가 생긴 걸까요?

— 옥수수 킬러 올림

옥수수 킬러 님!

옥수수알이 똥에 그 모습 그대로 섞여 나왔다는 건 매우 정상적인 일이에요. (옥수수를 먹은 적이 없는데 나왔다면 큰일이겠지만요!) 옥수수알은 셀룰로오스라는 식물성 섬유질로 덮여 있어요. 이 물질은 우리 건강에 매우 이롭지만 원래 소화는 되지 않아요. 그러니까 전혀 걱정하지 않아도 돼요!

두 번째 편지

제가 눈 똥은 어떤 때는 배처럼 변기 물 위에 둥둥 떠 있고, 또 다른 때는 통나무처럼 물속에 가라앉아요. 왜 이럴까요?

— 호기심쟁이 걱정꾸러기 올림

호기심쟁이 걱정꾸러기 님!

건강한 똥은 물속에 가라앉은 큼지막한 덩어리 한두 개의 형태를 띠어요. 똥이 물 위에 둥둥 떠 있다면 영양 섭취에 문제가 있거나 배 속에 가스가 가득 차 있기 때문일 수 있어요!
그러니까 물속에 가라앉은 똥보다 물 위에 떠 있는 똥을 눌 때가 더 많다면, 부모님께 말씀드려서 식물성 섬유질이 많은 채소나 과일을 더 많이 먹도록 해요.

 # 무엇이든 물어보세요!

세 번째 편지

저는 초콜릿처럼 생긴 똥을 눠요. 물론 맛은 초콜릿 맛이 아니겠지요?
초콜릿이 아니라면, 제 똥은 도대체 뭘까요? 제발 답해 주세요.

— 직접 체험을 통해
답을 알아내고 싶지는 않은 사람 올림

직접 체험을 통해
답을 알아내고 싶지는 않은 사람 님!

맞아요! 똥과 초콜릿은 이따금 묘하게 닮아 보일 때가 있어요. 하지만 똥과 초콜릿은 서로 완전히, 철저히, 확실히 다른 물질이에요.

초콜릿의 주성분은 카카오와 설탕이에요. 하지만 똥은 수분이 75퍼센트고, 나머지 25퍼센트는 세균, 소화되지 않은 음식물 찌꺼기, 지방, 단백질, 그 밖에 초콜릿에서는 결코 찾아볼 수 없는 온갖 잡스러운 물질이 조금 섞여 있어요.

간단히 말해, 똥은 우리 몸속 소화계(위, 작은창자, 큰창자)가 우리가 먹고 마신 초콜릿이나 초코우유 같은 음식물에서 필요한 영양분과 수분을 쏙쏙 빨아들인 뒤 남은 찌꺼기예요!

내가 아직도 초콜릿으로 보이니?

올바른 똥 누기

한 연구 결과에 따르면, 우리 몸은 꼿꼿이 앉아서 똥을 누도록 설계되어 있지 않아. 원래는 무릎을 굽히고 쪼그려 앉은 자세로 누는 게 맞다는 거야. 알다시피 장은 이리저리 구부러져 있기 때문에 똥이 아무 때나 밑으로 쏟아지지는 않아. 하지만 쪼그리고 앉으면 장이 쭉 펴지면서 똥이 편안하게 쑤욱 미끄러져 나오지. 이 자세로 똥을 누면 앉아서 눌 때보다 약 80초는 더 빨리 볼일을 마칠 수 있대!

과학적으로 똥 누는 방법

첫 번째 방법

1단계 신발을 벗고 변기 위에 올라가 쪼그리고 앉는다.

2단계 다음 51초 동안 똥이 죽죽 쏟아지는 기쁨을 누린다.

잠깐! 변기 위에 쪼그리고 앉으면 불안하지 않을까요?

그럼 다음 방법을 써 봐요.

두 번째 방법

1단계 작은 발판을 변기 앞에 놓고 그 위에 발을 올린다.

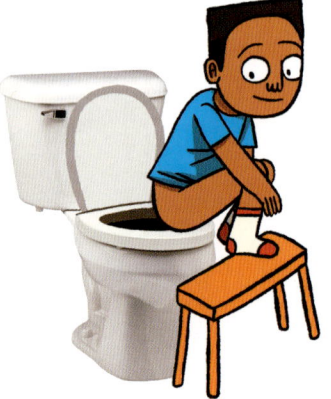

2단계 볼일을 본다.

3단계 기막힌 발견을 해낸 과학자들을 위해 박수를 친다.

4단계 변기 물을 내린다. 쏴아아!

5단계 손을 깨끗이 씻는다.

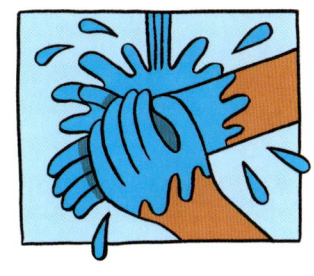

똥의 5만 번째 생일을 축하하며!

역사상 가장 오래된 사람 똥은 언제 만들어졌을까? 정확한 날짜는 알 수 없지만, 그 똥이 세상 밖으로 나온 것은 약 5만 년 전이야! 스페인에서 고고학자들에게 처음 발견되었을 당시, 그 똥은 완전한 화석 상태였어. 그래서 돌처럼 딱딱하고 아무 냄새도 나지 않았지.

과학자들은 그 똥의 주인이 우리 같은 현생 인류와는 완전히 다른 종인 네안데르탈인이라는 사실을 확인할 수 있었어. 또한 똥의 성분을 분석한 결과 네안데르탈인들은 고기와 함께 베리류와 견과류도 먹었다는 게 밝혀졌지. 원시인들도 채소를 먹었다고 하니, 너희도 꼭 채소를 먹어 줘!

이 이야기를 읽고 설마 너희도 후손들을 위해 똥을 남겨야겠다고 생각한 건 아니지? **그건 제발 참아 줘~!**

피리 부는 엉덩이

우리가 음식을 먹을 때 실제로는 음식만 먹는 게 아니야. 음식물을 삼킬 때 그보다 더 많은 양의 공기가 함께 목구멍으로 넘어가거든.

이 공기에는 가스가 포함되어 있어. 음식물과 가스는 소화계를 따라 이동하면서 점점 잘게 부서져. 특히 큰창자에서는 분해되는 과정에서 엄청난 양의 가스가 더 만들어지지.

가스가 너무 많아서 모두 품고 있기 힘들어지면 밖으로 내보낼 구멍을 찾아야 해. 그 구멍이 어딘지는 너희도 짐작할 거야. 맞아, 바로 엉덩이 사이에서 나오지. 이 가스를 '방귀'라고 하지만, 우스갯말로 '가죽피리'라고 부르기도 해. 가죽피리라는 말이 왠지 로맨틱하게 들리지 않니?

절대 따라 하지 말 것!

방귀 제조법
완성품 : 통쾌하고 향기로운 방귀 한 방!

재료
수소, 이산화탄소, 황화수소와 암모니아가 섞인 메탄가스

만드는 법
모든 재료를 큰창자에서 잘 섞은 다음 자신의 엉덩이로 내보낸다. 용감하게 직접 코로 훅 들이마신다.

★ 이 실험에 대해 칭찬하고(또는 욕하고) 싶은 점이 있다면 편지에 써서 아래의 주소로 보내 주세요. 향기로운(또는 엄청 구린) 방귀 제조법을 따로 펴내면 냄새나는 과자를 만드는 데 활용할 수 있을 거예요.
보내실 곳 : 미국 뉴욕 파크 애비뉴 3
휴튼 미핀 하코트 출판사 어린이책 담당자 앞

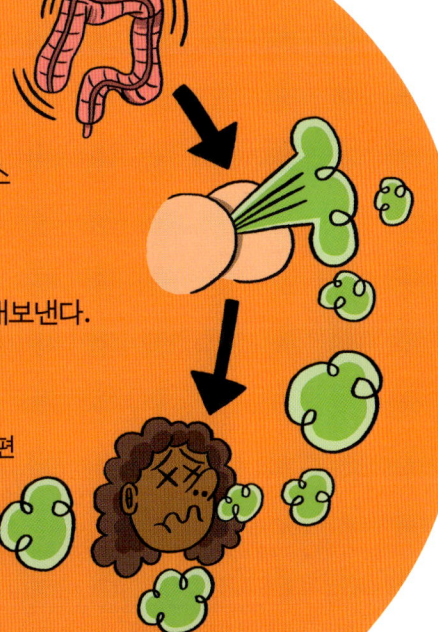

와우! 틈새 과학 상식

★ 건강한 사람은 하루에 평균 14~20번쯤 방귀를 뀌어.

★ 방귀의 최대 속도는 초속 3미터야. 한 시간에 11킬로미터까지 퍼져 나갈 수 있다는 거지! 어때? 방귀와 달리기 시합을 하면 이길 수 있겠어?

★ 어릴 때는 여자와 남자가 거의 비슷하게 방귀를 뀌어!

★ 어른이 되면 남자가 여자보다 더 많이 방귀를 뀌어. 하지만 방귀 냄새는 여자가 더 지독하지. 이건 과학 실험으로 직접 확인한 결과야!

★ 좋은 소식 : 방귀는 참아도 폭발하지는 않아.

★ 나쁜 소식 : 방귀를 너무 참으면 배가 아플 수 있어.

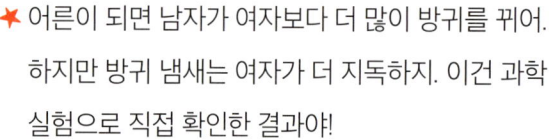

와우! 놀라운 기록

2009년 영국의 폴 헌이라는 남자는 '세계에서 가장 소리가 큰 트림' 부문에서 기네스북 신기록을 세웠어. 그의 트림 소리는 전기톱 소리보다 더 시끄러울 정도야! 꺼어억!

방귀 뀌는 사람들

사람은 누구나 방귀를 뀌어. 너희가 살면서 본 가장 특이한 방귀쟁이는 누구였니?

트림

트림('트름'이라고 하는 사람들도 있지만, 정확한 우리말은 '트림'이야.)은 몸속의 가스가 입으로 나오는 현상이야. 음식을 먹을 때 가스가 포함된 공기를 함께 삼킨 탓에 생긴 결과라는 점에서 방귀와 같아. 하지만 방귀와 달리 트림은 큰창자가 아닌 위에서부터 식도를 타고 거슬러 올라와 입으로 나가지. 꺼억!

★보너스 바디★

여전히 신기하고 수상한 우리 몸

스릴 만점! 바닥으로 뚝 떨어지는 느낌 체험하기

1단계 바닥에 배를 대고 엎드려.

2단계 친구에게 부탁해서 윗몸이 위로 들릴 수 있도록 양 손목을 잡고 끌어 올려 달라고 해. 이때 너희는 머리와 몸에서 힘을 완전히 빼야 해.

3단계 그 상태로 30초 동안 그대로 있어. 심심하다고? 그러면 속으로 좋아하는 노래를 불러 봐. 시간이 금방 흘러갈 거야.

4단계 30초 뒤, 친구에게 잡고 있는 너희 손을 아주 천천히 아래로 내려 달라고 해.

기분이 어때? 팔이 점점 아래로 내려가는 동안, 바닥에 떨어지는 듯한 느낌이 들지? **우리 몸이 뇌를 속여서 그런 거야!**

신기한 손가락 계산기

손가락 열 개를 이용하면 구구단 중 9단을 쉽게 할 수 있어. 예를 들어, 6 곱하기 9의 답을 손가락으로 구해 보자!

1단계 두 손을 앞으로 내밀어 쫙 펼친 뒤, 9에 곱하려는 숫자에 해당하는 손가락(6)을 접어.

2단계 접은 손가락의 왼쪽에 있는 손가락 개수가 정답의 첫 자리(5)고, 오른쪽에 있는 손가락 개수가 정답의 끝자리(4)야.

3단계 각 자리의 숫자를 나란히 붙여 봐. 맞아, 정답은 '54'야!

아이스크림 두통, 멈춰!

차가운 음료나 아이스크림을 급하게 먹었을 때 머리가 띵하게 아팠던 적 있지? '아이스크림 두통' 또는 '브레인 프리즈(brain freeze)'라고 부르는 이런 증상은 뇌를 보호하기 위한 우리 몸의 반응이야. 다행히 이럴 때 두통을 멎게 할 방법이 있어.

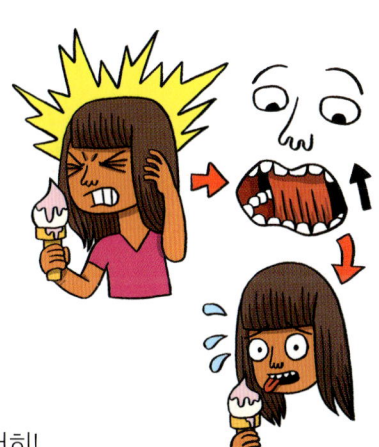

1단계 아이스크림을 내려놓는다.

2단계 혓바닥으로 입천장 뒤쪽의 부드러운 부분을 지그시 눌러서 따뜻하게 데운다.

3단계 두통이 가라앉을 때까지 계속 누른다.

4단계 다시 아이스크림을 맛있게 먹는다. 단, 서두르지 말고 천천히!

7장 면역계

우리 몸을 보호하는 든든한 갑옷

면역계

내가 지켜 줄게!

내가 지켜 줄게!

우리 몸은 틈만 나면 침입해 들어오려는 무언가의 위협을 늘 받고 있어. 현미경으로 봐야 겨우 보이는 그 조그만 침입자들의 목적은 단 하나, 우리를 아프게 하는 거야. 다행히 우리 몸속에는 입에서 "에취!" 소리가 터져 나오기 전에 침입자들을 몰아낼 수 있는 든든한 방어 체계가 갖춰져 있지!

병균 부대

가장 널리 알려진 침입자들을 소개할게!

세균(박테리아)

특징 번식 속도가 무척 빨라서 순식간에 개체수가 불어나! 몇몇 종류는 우리 몸속에 침입해 심각한 병을 일으킬 수 있어. 독소라는 해로운 알갱이를 우리 몸속에 퍼뜨리기도 하지.

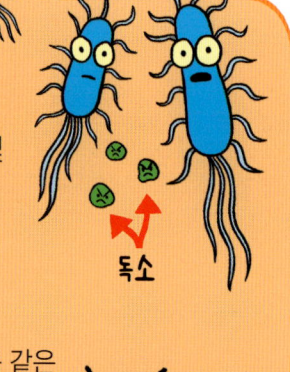

독소

잘 알려진 사실 세균은 패혈성 인두염, 요로 감염, 식중독 같은 심각한 질병을 일으키는 못된 악당이야!

잘 알려지지 않은 사실 모든 세균이 다 나쁜 건 아니야. 오히려 우리 몸에 전혀 해를 끼치지 않는 세균이 더 많아. 소화를 돕는 장속 세균처럼 우리 몸에 이로운 세균도 있어.

바이러스

특징 체세포에 침입해서 번식해. 일단 침투에 성공하면 그 세포를 기반으로 새로운 바이러스들을 만들어 낸 뒤 주변에 퍼뜨리지. 그러면서 다른 세포들까지도 감염시켜.

잘 알려진 사실 바이러스는 일반 감기, 독감, 구순포진(입술 물집) 같은 병을 일으키는 유명한 악당이야.

잘 알려지지 않은 사실 바이러스는 대부분 뼛속까지 못된 악당으로 온갖 문제를 일으켜!

소문난 바이러스

2020년 초, 전 세계 사람들은 '글로벌 팬데믹'이라는 특별한 상황에 빠졌어. 팬데믹이란 어떤 질병이 전 세계에 퍼지는 현상을 뜻해.

신종 코로나바이러스가 일으킨 코로나바이러스감염증-19처럼 생명까지 위협할 수 있는 질병은 사람들 사이에 쉽게 퍼지기 때문에 예방 백신이나 치료 약의 도움 없이는 통제하기가 몹시 어려워.

팬데믹은 아무도 하고 싶어 하지 않는 술래잡기 게임 같은 거야. 술래가 되지 않으려면 사람 많은 곳 가지 않기, 손 씻기, 마스크 쓰기 같은 규칙을 철저히 지켜야 해. 이 게임의 목표는 우리 자신과 서로를 보호하는 거야!

우리 몸의 방어 체계

이번에는 우리 몸을 지키는 첫 번째 수비대를 소개할게. 세균, 바이러스, 여러 병원체 등이 우리 몸속으로 침입하는 경로는 무척 다양해. 우리가 먹는 음식에 슬쩍 올라타거나, 우리가 들이마시는 공기 중에 숨어서 들어오기도 해. 녀석들은 우리의 하루를 망치기 위해서라면 어떤 곳도 마다하지 않고 침입하려 하지. 바로 이때, 가장 먼저 앞장서서 우리 몸을 지키는 수비대가 출동해!

눈물

병원체는 대부분 짠 눈물 앞에서 힘을 쓰지 못해. 눈물이 병원체를 모조리 씻겨 내려가게 하거든.

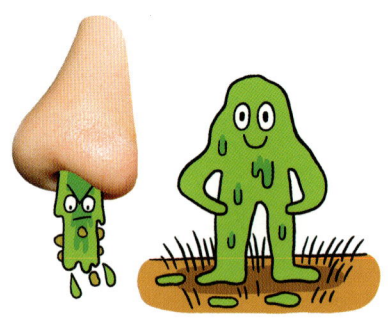

점액

콧구멍 안쪽 벽을 뒤덮고 있는 끈끈한 점액은 병균을 꼼짝 못 하게 잡아채지.

침

미끈거리는 침에는 입속 세균을 죽일 수 있는 화학 물질이 잔뜩 들어 있어!

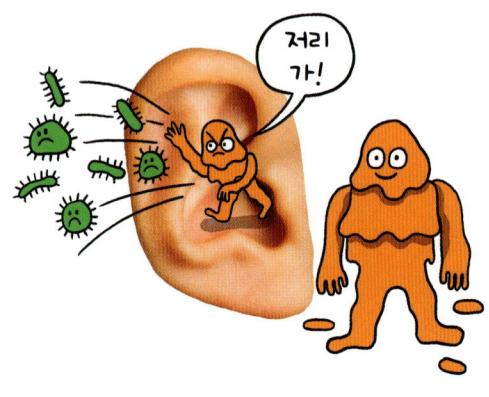

귀지

눅진하고 무섭게 생긴 귀지가 귓속 침입자들을 입구에서부터 쫓아낼 거야!

피부

우리 몸 전체를 감싸고 있는 피부는 감염을 막아 줘.

혈액

여러 유형의 백혈구들이 힘을 합쳐서 몸 안팎의 침입자들과 맞서 싸워.

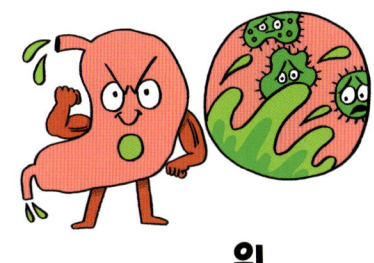

위

위에 배치된 강력한 위산은 음식물에 섞여 들어온 세균을 없애 줘.

건강한 몸은 스스로 만드는 것!

하지만 가장 앞장서서 우리 몸을 보호해야 하는 지킴이는 언제나 우리 자신이야! 우리 모두가 할 수 있는 확실한 방어책을 소개할게.

비누로 손 씻기 음식을 먹기 전이나 화장실에서 볼일을 본 뒤에는 꼭 깨끗이 손을 씻어. 우리 몸속으로 몰래 침입하려던 병균들이 물에 휩쓸려 내려갈 거야.

예방 주사 맞기 주사를 맞는 게 무섭니? 하지만 훨씬 더 무서운 건 주사를 맞지 않았을 때 걸릴 수 있는 질병이야. 병에 걸리지 않도록 예방 주사를 꼭 맞도록 해!

눈, 코, 입에 손대지 않기 우리 손이 얼마나 지저분할 수 있는지 알면 아마 깜짝 놀랄 거야. 쓸데없이 몸의 이곳저곳에 손을 대서 세균을 옮기는 어리석은 짓은 제발 하지 마!

8장 생식계

인간은 어떻게 또 다른 인간을 만들까?

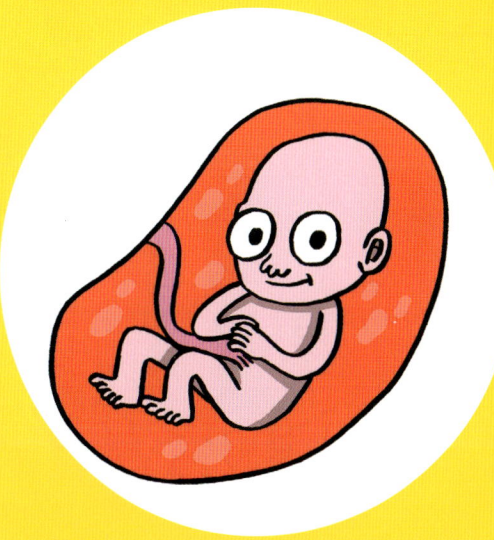

끝없이 이어지는 삶의 고리
탐험을 시작하자!

사춘기
내가 왜 이럴까?

끝없이 이어지는 삶의 고리

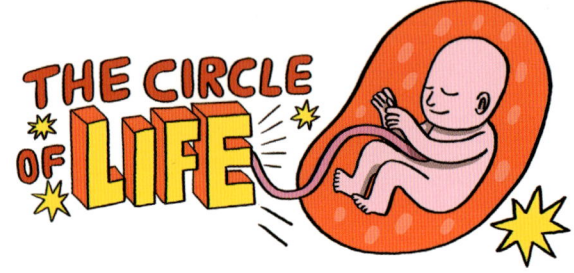

탐험을 시작하자!

우리 몸은 신기하고 놀라운 많은 일을 해낼 수 있어. 다친 뼈를 스스로 낫게 하고, 한 달에 한 번씩 계속 새 피부를 만들기도 해. 하지만 우리 몸이 할 수 있는 가장 기적 같은 일은 바로 새로운 인간을 만들어 낸다는 거야! 지금부터 인간이 또 다른 인간을 만드는 기관인 생식 기관을 소개할게!

우리가 일정한 나이가 되면 몸속에서 새 생명을 탄생시킬 수 있는 특별한 세포가 생겨나. 남자의 몸에서는 '정자', 여자의 몸에서는 '난자'가 만들어지지. 정자와 난자는 아기를 만들기 위한 씨앗이라고 할 수 있어. 아기가 만들어지려면 먼저 정자와 난자가 만나서 한 몸이 되어야 해. '수정'이라고 하는 이 과정은 모두 여자의 배 속에 있는 자궁 안에서 이루어져.

수정에 성공하면 배아가 만들어져. 배아는 이후 아홉 달 동안 같은 자궁 안에서 점점 자란 뒤 마침내 귀여운 아기의 모습으로 세상에 나올 거야!

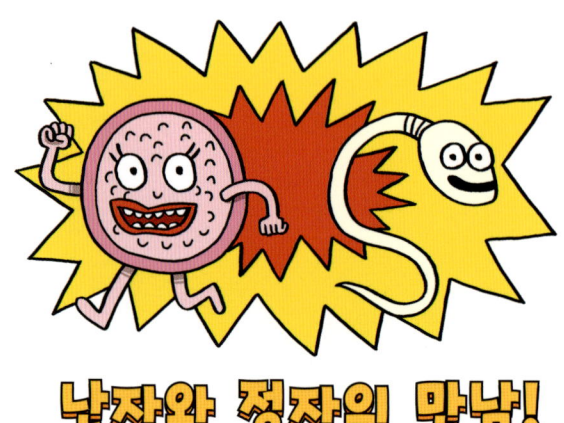

난자와 정자의 만남!

어린이들은 몸속의 생식 기관이 아직 완전히 발달되지 않았어. 하지만 당장 쓸 일은 없을 테니까 걱정하지 않아도 돼. 어린이에서 어른으로 변해 가는 9~18세 무렵 우리 몸은 안팎으로 크게 달라질 거야. 이러한 변화의 시기를 '사춘기'라고 해.

* 사춘기는 남자보다 여자에게 더 빨리 찾아와. 보통 여자아이들은 9~11세쯤에 사춘기가 시작되고, 남자아이들은 이보다 2년 정도 늦은 11~13세부터 시작돼.

내가 왜 이럴까?

사춘기가 뭘까? 깐풍기나 떡볶이 같은 음식 이름 아니냐고? 크크, 그런 썰렁한 농담은 넣어 둬. 너희 가운데는 사춘기란 말만 들어도 얼굴이 빨개지는 친구들도 있을 거야. 하지만 사춘기는 너희가 꼭 알아야 하는 중요한 개념이야. 이제 곧 사춘기라는 말을 점점 많이 듣게 될 테니까.

사춘기에는 어떤 변화가 일어날까?

생물학적으로 남자와 여자는 몸속 생식 기관 자체가 완전히 달라. 예를 들어, 사춘기에 접어든 여자아이의 몸에서는 완전한 난자가 만들어지고, 남자아이의 몸에서는 정자가 생겨나기 시작해. 또 여자아이는 가슴이 봉긋하게 부풀어 오르고, 남자아이는 목의 울대뼈가 점점 자랄 거야.

사춘기 때 달라지는 점은 이게 다가 아니야! 남자아이와 여자아이 모두에게 예상되는 변화는 다음과 같아. (물론 이게 전부 다는 아니야!)

커진다, 커져!

사춘기에는 키가 1년에 10센티미터까지 자랄 수 있어! 이런 폭풍 성장 시기가 끝날 무렵 너희의 키는 완전한 어른이 되었을 때의 키와 얼추 비슷할 거야. 이 시기에는 몸이 다른 쪽으로도 성장해. 남자는 어깨와 근육이 점점 더 발달하고, 여자는 엉덩이와 가슴이 더 커져. 그래서 누구나 약간 어색함을 느낄 수 있어. 우리 뇌가 부쩍부쩍 변해 가는 몸에 적응하려면 시간이 좀 걸릴 거야!

반갑다, 호르몬!

사춘기 호르몬은 몸속을 돌아다니면서 세포들에게 명령을 내리는 화학 물질이야. 같은 사춘기라도 단계에 따라 이러한 호르몬의 영향을 더 많이 받거나 적게 받을 수 있어. 호르몬은 우리 눈에 보이지는 않지만, 이런저런 방법으로 슬그머니 자신의 존재를 드러내곤 해.

여드름

여드름은 사춘기 때 피부에 돋아나는 작고 빨간 뽀루지야. 보통 얼굴에 많이 생기지만, 가슴이나 등에 날 때도 있어. 여드름의 원인은 피부에 있는 기름샘에서 나오는 피지의 양이 폭발적으로 늘어난 탓이야. 넘쳐 나는 피지와 죽은 피부 세포가 섞여 끈적한 덩어리를 이루면 털구멍이 막히게 돼. 그럼 막힌 털구멍에 세균이 침입해 감염을 일으키는데, 그게 바로 여드름이야. 사춘기 여드름은 매우 정상적인 성장 과정이니까 너무 스트레스를 받지는 마!

감정의 롤러코스터

사춘기에는 몸속의 호르몬 수치가 롤러코스터처럼 오르락내리락할 거야. 그래서 깔깔대며 웃다가도 갑자기 눈물을 뚝뚝 흘리며 울 때도 있어. 무엇보다 사춘기에 우리 뇌는 감정을 다루는 부분에 엄청난 변화를 주지. 그러니까 마음 단단히 먹고 그냥 감정의 롤러코스터를 즐겨! 너무 억울해하진 마. 어른이 되기 전에 모두가 겪는 일이니까.

아, 피곤해!

사춘기가 되면 지금보다 잠이 더 많이 쏟아질 거야. 멜라토닌이라는 수면 호르몬이 지금보다 더 늦은 시간에 나오기 때문에 잠자리에 드는 시간이 늦어지고, 그러면 아침에 일어나기가 더 힘들고 피곤하겠지. 사춘기에는 어떻게든 잠을 푹 자는 게 좋아!

이게 웬 털?

사춘기를 말할 때 결코 뺄 수 없는 것이 있다면 바로 털이야. 이 시기에는 온몸에 털이 나기 시작하거든! (적어도 처음에는 그렇게 느껴질 거야.) 새로운 털이 자라는 부위는 남자와 여자가 서로 달라. 하지만 겨드랑이 털은 공통적이야. 날카로운 매의 눈으로 겨드랑이를 자세히 살펴보면 털북숭이 사춘기 괴물과 눈이 마주칠지 몰라!

나랑 더 자주 마주치게 될 거야!

내 목에 호두알?

사춘기 남자아이는 목에 불룩한 덩어리가 만져지기 시작할 거야. 겁먹을 것 없어! 그건 더 두꺼워질 성대를 위한 공간을 마련하려고 후두가 점점 자라고 있다는 증거야. 그 덩어리를 울대뼈라고 하는데, 울대뼈가 생기면 너희 목소리는 더 굵고 낮아질 거야. 이런 변화를 일으키는 것은 테스토스테론이라는 호르몬이야. 그런데 너희가 두꺼워진 성대에 익숙해질 동안에는 목소리가 다시 어릴 때처럼 갈라질 수도 있어. 그럴 때는 그냥 어린 시절의 나 자신이 잠시 끼어들어서 내게 인사를 건네는 거라고 생각해!

사춘기가 끝날 무렵에는 우리 몸의 생식 기관이 완벽하게 기능할 수 있어. 이는 생물학적으로 아기를 만들 준비가 되었다는 뜻이지만, 그런 결정은 훨씬 더 나중에 해야 할 거야! 아기를 키우려면 엄청난 시간과 돈, 참을성, 그리고 기저귀가 필요해. 지금 당장 너희에게는 이 네 가지가 없다는 걸 잊지 마!

(참, 아기들이 온종일 시도 때도 없이 똥을 싸고 침을 흘린다는 건 알고 있지?)

남자? 여자? 그게 다가 아니야!

세상에 태어나는 모든 아기가 남자(아들) 또는 여자(딸)로 나뉘지는 않아. 세상에는 우리가 알고 있는 것보다 더 많은 유형의 인간들이 있어. 예를 들어, 어떤 사람들은 '남성' 또는 '여성'이라고 딱 잘라 말할 수 없는 생식 기관을 가지고 태어나. 또 어떤 사람들은 태어날 때 자신에게 주어진 '남자' 또는 '여자'라는 이름표가 자신의 실제 모습과 맞지 않는다는 사실을 뒤늦게 깨닫기도 해. 이처럼 80억 명이 넘는 전 세계 사람들은 저마다 자신만의 고유한 특성이 있어. 나와 똑같은 사람은 단 한 명도 없지. 중요한 건 모두가 똑같이 존중받아야 하는 인간이라는 사실이야!

사춘기 게임

시작!
뇌에서 출발 신호를 보내!

폭풍 성장!
10센티미터 앞으로!

기분이 오락가락!
세 칸 앞으로 갔다가 다시 여섯 칸 뒤로 물러나.

졸린 도시
이번 차례는 건너뛰고 잠을 좀 더 자!

어이쿠!
뇌의 의사 결정 구역이 아직 완성되지 않아서 판단력이 부족해. 다시 시작 단계로 돌아가!

덩어리들
앗, 깜짝이야! 목에 웬 덩어리가 생겼어!

엉덩이 THE BUTT

갑자기 웬 엉덩이냐고? 이 책에도 엉덩이가 있거든. 엉덩이는 '사람의 몸통 뒷면 허리 아래쪽을 이루는 두 개의 둥그렇고 통통한 살 부분'을 가리켜. 어려운 말로는 '둔부'라고 하지. 사람은 누구나 두 쪽으로 이루어진 엉덩이를 가지고 있어.

엉덩이의 지방층 바로 밑에 있는 큰볼기근(대둔근)은 우리 몸에서 가장 크고 튼튼한 근육이야. 큰볼기근을 못 찾겠다고? 힌트를 줄게. 의자에 앉을 때 바닥에 닿는 부분에 있어! 이 근육이 없으면 계단을 오를 수도 없고, 앉거나 서 있을 수도 없어! 큰볼기근은 엉덩이부터 허벅지까지 이어지거든. 그러니까 다음에 의자에 앉을 때는 먼저 너희의 큰볼기근에게 고맙다는 인사부터 해. 꼭이야!

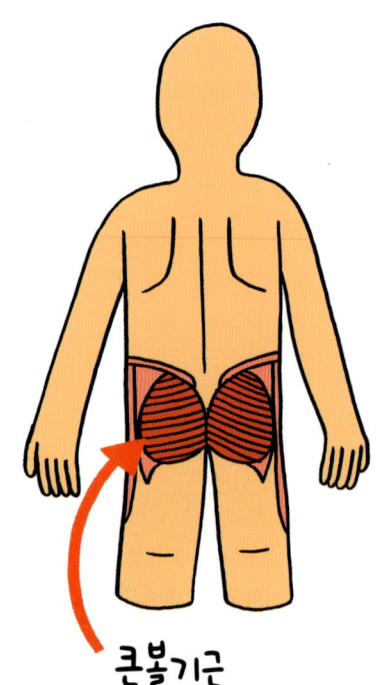

큰볼기근

엉덩이의 별명

엉덩이와 비슷한 말로 '볼기'라는 말이 있어. 설마 볼기가 뺨을 가리킨다고 생각했던 건 아니지? 종종 오해하는 사람들이 있더라고. 볼기를 비롯하여 엉덩이와 관련된 다양한 이름을 소개할게.

★ 볼기 : 엉덩이의 또 다른 이름이야. 뒤쪽 허리 아래, 허벅다리 위의 양쪽으로 살이 불룩한 부분이지.

★ 궁둥이 : 엉덩이의 아랫부분으로, 앉을 때 바닥에 닿는 부분이야.

★ 히프(hip) : 볼기 윗부분이야.

★ 궁둥짝 : 궁둥이의 좌우 두 짝을 가리켜.

★ 엉덩짝 : 엉덩이의 좌우 두 짝을 가리켜.

★ 방뎅이 : 엉덩이의 사투리야.

★ 방둥이 : 사람의 엉덩이를 속되게 이르는 말이야.

★ 꽁무니 : 엉덩이와 그 주변을 이르는 말이야.

★ 뒤 : 엉덩이를 에둘러 이르는 말이야.

★ 볼기짝 : 볼기를 낮잡아 이르는 말이야.

엉덩이와 관련된 옛말

엉덩이와 관련된 속담이나 관용구를 알아보자!

★ 엉덩이가 가볍다 : 한자리에 오래 머물지 못할 만큼 참을성이 없다.

★ 엉덩이가 무겁다 : 한번 자리를 잡고 앉으면 좀처럼 일어나지 않는다.

★ 남의 장단에 엉덩이춤 춘다 : 자기 생각이 없이 남이 하는 대로 따라 한다.

★ 못된 송아지 엉덩이에 뿔이 난다 : 못된 사람은 세상의 당연한 이치도 엇나가게 한다.

와우! 깨알 정보

★ 볼기의 갈라진 틈을 보통 '엉덩이 골'이라고 해. 하지만 과학 전문 용어로 부르는 이름이 따로 있어. 그건 바로…… '볼기 사이 틈새'야! 별로 대단하게 들리지 않는다고? 그래도 친구들이나 가족들 앞에서 자연스럽게 이 표현을 써 봐. 아마 다들 입이 딱 벌어질 거야!

★ 영국의 빅토리아 여왕이 다스리던 1880년대에 여성들은 스커트 안에 철사로 만든 틀(버슬)을 넣어 엉덩이 부분을 과장되게 부풀린 '버슬 드레스'를 많이 입었어.

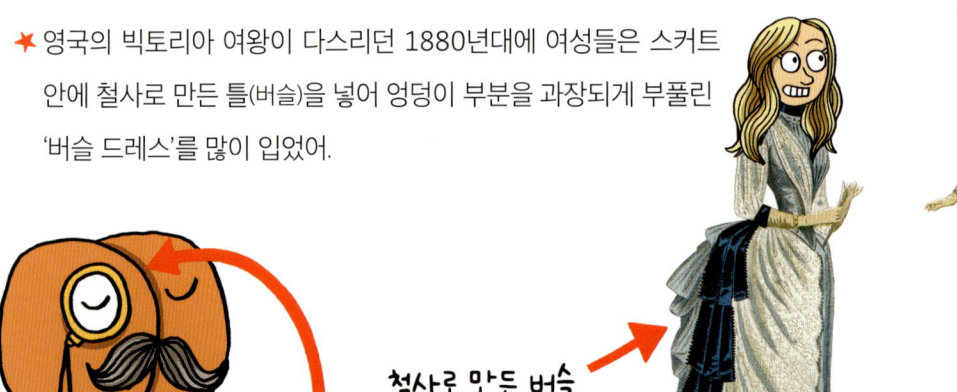

볼기 사이 틈새 (엉덩이 골)

철사로 만든 버슬

동물도 엉덩이가 있다고?

거북 중에는 엉덩이로 숨을 쉬는 거북도 있어. 북아메리카의 동부비단거북, 오스트레일리아의 피츠로이강거북과 흰목악어거북은 모두 엉덩이로 숨을 쉬지! 멸종 위기인 흰목악어거북은 엉덩이로 필요한 산소를 거의 70퍼센트까지 빨아들일 수 있어. 두 발 또는 네 발 달린 포유동물은 대부분 우리와 비슷한 엉덩이를 가지고 있지만, 그렇지 않은 녀석들도 있어. 그중 몇 가지를 아래 소개할게. (※주의 : 이 동물들을 만나더라도 집에서 키울 생각은 하지 마!)

눈을 감고 뱀이나 바닷가재, 또는 위의 동물 중 하나에 사람의 엉덩이가 달렸다고 상상해 봐! 웃음이 터지더라도 잠깐 참아!

미국 뉴저지주에는 '엉덩이 마을'이라는 뜻의 '버츠빌(Buttzville)'이라는 곳이 있어. 아주 작은 마을이지만 너희에게 꼭 알려 주고 싶어. 언젠가 너희가 그곳에 가서 살고 싶어질 수도 있으니까 말이야. 미국 엉덩이 마을을 꼭 기억해 줘~!

내 몸에게 보내는
감사 편지

먼저 이 편지를 쓸 사람이나 읽을 사람이 되어 줄 짝을 구하고, 연필과 종이를 준비해. 편지를 쓰는 사람은 종이에 1부터 15까지 번호를 적고 각 번호 옆에 단어를 적을 빈칸을 만들어 놔. 편지를 읽을 사람이 빈칸에 들어갈 말들에 대한 힌트를 주면, 쓰는 사람은 생각나는 단어를 해당 번호 옆에 적어. 읽을 사람은 쓴 사람이 적은 말들로 옆 페이지의 편지를 완성한 다음 큰 소리로 읽어. 절대 웃으면 안 돼! 이건 쓴 사람의 진심이 담긴 편지니까!

놀이가 끝나면 이번에는 진지하게 고마운 마음을 담아 몸에게 보내는 감사의 편지를 써 봐. 우리 몸에 대한 소중함을 느낄 수 있을 거야!

___1___한 내 몸에게

1 성질이나 상태를 나타내는 단어
  예) 아름답다, 착하다, 빨갛다, 못생기다 등

너와 나는 지금까지 오랜 시간을 함께했어. 정확히는 ___2___야.
2 기간 (자신의 나이를 생각해 봐.)

하지만 그동안 네가 나를 위해서 해 준 모든 것들에 대해 한 번도 고맙다고 제대로 인사한 적이 없는 것

같네. 내가 ___3___하고, ___4___하고, ___5___할 수 있는 건 모두 네 덕
     3-5 동작이나 작용을 나타내는 단어
       예) 말하다, 두드리다, 뛰다, 먹다 등

분이야.

너의 여러 부분 가운데 가장 마음에 드는 곳을 하나만 고르기는 어려워. 하지만 나는 사람들 앞에서

내 ___6___를 드러내는 게 늘 자랑스러웠어! 내 ___6___은/는 ___7___하
  6 몸의 한 부분   **6** 몸의 한 부분   **7** 성질이나 상태를
                                                                    나타내는 단어

고 무척 튼튼해.

그런데 만일 너를 업그레이드할 수 있다면, ___8___을/를 하나 더 갖고 싶어.
                                      8 몸의 한 부분

___8___이/가 하나 더 있다면, 친구들이 "___9___"라고 말할 것이고 난 무척
8 몸의 한 부분   **9** 어른들이 자주 하는 말

___10___할 거야.
10 기분을 표현하는 말

아무튼 내가 말하고 싶은 건 이거야. 네가 나를 잘 지켜 준다면, 나도 너를 늘 소중히 아끼고 잘 보살필

거야. 약속할게! 너를 위해 ___11___을/를 하고, ___12___도 할 거야.
                        11 자신이 심심할 때 하는 일   **12** 어른들에게 혼날 만한 일

내 몸아, 정말 고마워. 네가 없는 나는 그저 ___13___한___14___일 뿐일 거야.
                                    13 성질이나 상태를   **14** 자신이 좋아하는 음식
                                       나타내는 단어

                                                      ___15___가
                                                      15 자신의 이름

용어 설명

고막 가운데귀와 바깥귀길 사이에 있는 얇은 막

골수 뼈 한가운데 들어 있는 부드러운 지방성 물질

근육 움직임을 위해 쭉 늘이거나 오그라뜨릴 수 있는 우리 몸의 부분들

기관 숨쉬기를 돕는 폐처럼 생명 유지에 도움이 되는 일을 하는 몸의 여러 부분

기관지 양쪽 폐에 뻗어 있는 약간 굵은 공기 통로

넙다리뼈(대퇴골) 우리의 몸무게를 지탱하고, 걸을 수 있게 해 주는 다리 위쪽 뼈

독소 손으로 만지거나 먹었을 때 사람이나 동물에게 문제를 일으킬 수 있는 위험한 물질

동맥 심장에서 몸의 나머지 부분으로 나가는 혈액이 지나는 통로

머리뼈(두개골) 뇌를 감싸고 머리의 틀을 이루는 뼈

면역계 세균 감염에 맞서 싸우는 우리 몸속 체계

모세혈관 혈액 안의 산소를 근육으로 전달하는 매우 가느다란 핏줄

미생물 우리 눈에 보이지 않을 만큼 작은 생명체

바이러스 사람을 비롯한 생명체 안에 붙어살면서 번식하는 미생물로, 감기나 독감 같은 질병을 일으킬 수 있음

배아 생명의 발달 단계에서 첫 9주에 해당하는 초기 발생 단계

백혈구 우리 몸이 감염되거나 질병에 걸리지 않도록 세균과 맞서 싸우는 혈액 세포

변비 평소처럼 자주 똥을 누지 못하고 똥을 누기가 힘든 상태

복부(배) 우리 몸의 가운데 부분

복장뼈(흉골) 가슴 한가운데 있는 길고 납작한 뼈로, 가슴우리의 정면을 이룸

빗장뼈(쇄골) 어깨뼈와 복장뼈를 이어 주는 뼈

뼈대 몸의 틀을 이루는 뼈들의 조합

샘 눈물, 귀지, 땀 같은 물질을 내보내는 기관

생식계 아기를 만드는 일과 관련된 몸속의 여러 기관

설사 몸에서 해롭다고 판단되는 무언가를 없애고 싶어 할 때 누는 묽은 똥으로, 설사병이 나면 탈수로 이어질 수 있으므로 물을 충분히 마시는 것이 중요함

세균(박테리아) 한 개의 세포로 이루어진 매우 작은 균으로, 우리 몸에 해롭지 않은 것이 대부분이지만 질병을 일으키는 것도 있음

세기관지 기관지에서 갈라져 나온 매우 가느다란 공기 통로로 끝에 공기 주머니(허파꽈리)가 붙어 있음

수정 엄마와 아빠가 아기에게 유전자를 주는 과정으로, 아빠의 정자와 엄마의 난자가 합쳐져 수정란을 이룸

신경 세포(뉴런) 뇌와 몸의 다른 부분 사이, 또는 뇌 안에서 정보를 실어 나르는 메신저

심방 심장의 윗부분에 있는 두 개의 방으로, 혈액을 폐로 보냈다가 다시 심실로 내려보냄

심실 심장의 아랫부분에 있는 두 개의 방으로, 몸으로 나가는 혈액이 지나는 길인 동맥과 직접 이어져 있음

심장 몸의 필요한 곳에 혈액을 보내는 근육 기관으로, 가슴 한가운데에 있음

아밀라아제 전분을 우리 몸에서 에너지로 쓸 수 있는 당으로 바꾸는 소화 효소

알레르기 우리 몸에 실제로 나쁜 물질은 아니지만, 몸속 면역 체계가 스스로 나쁘다고 생각해서 강하게 반응하는 현상. 일반적인 증상으로 눈물, 콧물, 가려움, 발진 등이 있음

연골(물렁뼈) 코끝, 귓바퀴 등 우리 몸의 몇몇 부분을 덮고 있는 단단하고 유연한 조직

위산 위에 들어온 음식물을 잘게 부수어 분해하는 일을 돕는 액체

유전자 나라는 사람의 갖가지 특징을 포함한 정보 일체

이산화탄소 숨을 내뱉을 때 나오는 가스로, 숨을 들이쉴 때 마신 산소에서 만들어짐

이식 한 사람의 몸의 일부를 떼어 내어 다른 사람의 몸에 옮겨 붙이는 과정

잇몸 이와 턱뼈를 이어 주는 분홍빛 조직

자궁 태아를 키워 내기 위한 여자의 몸속 기관으로, '아기집'이라고도 함

작은창자 위와 큰창자 사이를 잇는 관으로, 음식물에 들어 있는 영양분을 쏙쏙 흡수함

점막 위장, 대장과 같은 대롱 모양 구조의 속이나 입안을 덮고 있는 부드러운 분홍빛 조직

점액 우리 몸의 몇몇 부분을 촉촉하게 해 주는 미끈미끈한 물질

정맥 몸에서 심장으로 돌아가는 혈액이 지나는 길

주근깨 햇볕을 많이 받은 피부에 주로 생기는 작은 갈색 얼룩

집먼지진드기 피부에 살면서 죽은 피부 세포(각질)를 갉아 먹는 매우 작은 생물체

척추 등뼈

침 입안의 촉촉함을 유지하기 위해 침샘에서 나오는 액체

콜라겐 뼈, 근육, 피부를 하나로 뭉치게 하는 단백질

큰창자 음식물이 작은창자를 지난 뒤 다다르는 좀 더 굵은 창자로, 남은 음식물 찌꺼기에서 수분을 빨아들인 다음 똥으로 만듦

탈수 물을 충분히 마시지 않았을 때 생기는 현상

탯줄 엄마 배 속에 있는 태아와 엄마의 몸 사이에 이어진 탄력 있는 줄로, 엄마는 이 줄을 이용해 아기에게 산소와 영양분을 나누어 줌

판막 심장 속의 혈액이 거꾸로 흐르는 것을 막아 주는 얇은 막

항균 슈퍼히어로처럼 나쁜 균에 맞서 싸우는 것

햇볕 화상 자외선 차단제(선크림)를 바르지 않고 햇볕을 오래 쬐었을 때 피부가 아프고 화끈거리는 증상

혈소판 피가 흐르는 곳에 몰려들어 피를 굳히는 작은 원반 모양 세포

호르몬 세포와 각 기관들에게 다양한 명령을 내리는 몸속 화학 물질

효소 우리 몸이 음식물 분해 같은 중요한 일을 할 때 도움이 되는 단백질

사진 출처

17쪽 눈 ©kickers/iStockphoto.com
24쪽 코 Dan Kosmayer/Shutterstock
32쪽(왼쪽 위), 150쪽 귀 hideous410grapher/iStock/Getty Images
32쪽(오른쪽 위, 아래) 귀 Nick Koudis/Photodisc/Getty Images
32쪽(왼쪽 아래) 귀 Gang Liu/Shutterstock
40쪽 치아 Steve Cole/Photodisc/Getty Images
58쪽 신발 Houghton Mifflin Harcourt
58쪽 토스터 Guy Jarvis/Houghton Mifflin Harcourt
67쪽 개리 터너 Scott Barbour/Getty
70쪽 찰과상 PeterTG/iStock/Getty Images
70쪽 흉터 Michael Krinke/iStockphoto.com
71쪽 딱지 H. Mark Weidman Photography/Alamy
71쪽 멍 Houghton Mifflin Harcourt
80쪽 복숭아 John A. Rizzo/Photodisc/Getty Images
88쪽 머리뼈 Russell Shively/Shutterstock
89쪽 깁스 ©ltummy/Shutterstock
94쪽 햄스터 Ingrid Prats/Shutterstock
103쪽 심장 7activestudio/iStock/Getty Images
103쪽 트럭 max blain/Shutterstock
114쪽 자동차 Roberts Ratuts/Alamy
114쪽 케이크 DebbiSmirnoff/iStockphoto.com
117쪽 벤저민 프랭클린 Wim Wiskerke/Alamy
133쪽 똥 gfrandsen/iStock/Getty Images
135쪽 미러볼 RyanJLane/E+/Getty Images
119쪽, 138쪽 변기 C Squared Studios/Photodisc/Getty Images
150쪽 코 schankz/Shutterstock
150쪽 입 DuohuaEr/Alamy
159쪽 지구 Stocktrek Images/Stocktrek Images/Getty Images
164쪽 버슬 드레스 Paul Brown/Chronicle/Alamy

찾아보기

ㄱ

가운데귀(중이)	28~29
가자미근	95
각막	13~14
간니(영구치)	35~36
감각	52, 54
감정	56
감칠맛	46
겨드랑이	96~97
고막	28~29
골격근	93
골절	91
구토	131
귀	28~33
귀지	30~31, 150
귓바퀴	28~29
귓불	32
근섬유	92
근육	92~95
깁스	89
꼬리뼈	82

ㄴ

난자	154
넙다리 빗근	95
넙다리뼈(대퇴골)	89
뇌	52~59
뇌줄기(간뇌)	53, 55

뇌하수체	53~54
눈	12~21
눈곱	15
눈꺼풀	17
눈동자	13~14, 17
눈물	150
눈물뼈(누골)	88
눈썹	16~17

ㄷ

달팽이관	28
당	44
대뇌	53
동이근	33
두정엽	57
등자근	95
등자뼈	28, 88, 122
딱지	71
땀	73~75
똥	132~139

ㅁ

맛봉오리(미각 수용기)	23, 42, 44, 47~48
망막	12~15
멍	71
멜라닌	64

멜라토닌	121, 158
면역계	148~151
모낭	79
모반	69
목뿔뼈	89
미맹	47
미세 융모	44
민무늬근	93

ㅂ

바깥귀(외이)	28~29
바깥귀길	28~30
바이러스	149
반고리관	28~29
방광(오줌보)	115~116
방귀	140~143
배꼽	60~61
백혈구	106, 151
법랑질(사기질)	37
변비	133
브리스톨 대변표	132
비뇨계	115~119
빗장뼈(쇄골)	88
뼈	86~91

ㅅ

사랑니	82
사마귀	69
사춘기	68, 155~161
생식 기관	154~156
설사	131
설사병	134~135
성숙 털 (종모)	80
세균 (박테리아)	148
소뇌	53, 55, 57
소화	126~131
속귀 (내이)	28~29
속눈썹	49
손톱	76~77
솔방울샘	121
솜털 (연모)	80
송곳니	36~37
수정	154
수정체	13~14
슈퍼 테이스터	47
습진 (피부염)	69
시냅스	59
시상	53~54
시상하부	53~54
시신경	13, 15
식도	129
신경 세포 (뉴런)	52, 59
신맛	45
심근	93
심박수	100
심장	100~103
쓴맛	45

ㅇ

아밀라아제	126
아포크린샘	73
앞니	36~37
어금니	36~37
엉덩이	162~165
에크린샘	74
여드름	68, 157
오드 아이	19
오줌	115~119
요관 (오줌관)	115
요도 (오줌길)	115
울대뼈	159
위	129, 151
위액	129
위장 장애	131
U자형 혀	42
이 (치아)	35
입	34~47
잇몸	40

ㅈ

작은창자	129
적혈구	49, 105
전두엽	57
점	64, 68
점막	48
점액	150
정자	154
젖니 (유치)	35~36
주근깨	64
직장	130
진피	66
짠맛	46

ㅊ

찰과상	70
척수	53, 56
체온	54, 74~75
충수	82
충치	39
측두엽	57
치아머리 (치관)	37
치태	39
침	40~41, 150

ㅋ

케라틴	77
코	22~27
코딱지	25~27
코안(비강)	24
코중격	24
코털	25
콧구멍	24~26
콩팥	115~116
큰볼기근	95, 123, 162
큰창자	130
클로버 혀	42

ㅌ

털	78~81
텅 트위스터	42
테스토스테론	159
통점	46
트림	143

ㅍ

편도선	82
편도체	53, 56
폐	110~114
표피	49, 66
피(혈액)	104~109, 151
피부	64~72, 120, 151
피지	68, 157
피하 조직	66

ㅎ

혀	42~47
혀 비틀기	42
혀유두	42, 44
혈관	101
혈소판	106
홍채	13
후각 수용기	22~23
후두엽	57
흉터	70

참고 문헌

1장 머리

눈 - 세상을 바라보는 우리 몸의 창문

These slimy Ping-Pong balls: Eye Institute, "About Eyes" (www.eyeinstitute.co.nz/about-eyes, August 8, 2019).

Eye muscles that move: NPR, "Looking at What the Eyes See," February 25, 2011 (www.npr.org/2011/02/25/134059275/looking-at-what-the-eyes-see, August 8, 2019).

Could this be because: Donald E. Brown, "Human Universals and Human Culture," Human Behavior & Evolution Society of Japan, November 2003 (www.hbesj.org/HBES-J2003/HumanUniv.pdf, August 9, 2019).

Due to our lack of: Center for Academic Research & Training in Anthropogeny, "Eyebrows" (https://carta.anthropogeny.org/moca/topics/eyebrows, August 9, 2019).

Turns out our brains: Tamami Nakano et al., "Blink-Related Momentary Activation of the Default Mode Network While Viewing Videos," *Proceedings of the National Academy of Sciences* 110, no. 2 (2013): 702–6.

Some babies blink as little: Bahar Gholipour, "Why Do Babies Barely Blink?," Live Science, July 15, 2018 (www.livescience.com/62988-why-babies-rarely-blink.html, August 9, 2019).

Grownups, on the other hand: A. R. Bentivoglio et al., "Analysis of Blink Rate Patterns in Normal Subjects," *Movement Disorders* 12, no. 6 (November 1997): 1028–34 (www.ncbi.nlm.nih.gov/pubmed/9399231, August 9, 2019).

People with blue eyes: University of Copenhagen, "Blue-Eyed Humans Have a Single, Common Ancestor," Science Daily, January 31, 2008 (www.sciencedaily.com/releases/2008/01/080130170343.htm, August 12, 2019).

Some people have: University of Arizona Health Sciences, "Blatt Distichiasis," Hereditary Ocular Disease (https://disorders.eyes.arizona.edu/handouts/blatt-distichiasis, August 12, 2019).

Actress Elizabeth Taylor: Louis Bayard, "Violet Eyes to Die For," *Washington Post*, September 3, 2006 (www.washingtonpost.com/wp-dyn/content/article/2006/08/31/AR2006083101166.html, August 9, 2019).

When you get snotty: KidsHealth, "Why Does My Nose Run?" (www.kidshealth.org/en/kids/nose-run.html, August 12, 2019).

Astronauts cannot cry: Chris Hadfield, "Tears in Space (Don't Fall)" (https://chrishadfield.ca/videos/tears-in-space-dont-fall, August 12, 2019).

People with Heterochromia: David Turbert, "Heterochromia," American Academy of Ophthalmology, February 3, 2017 (www.aao.org/eye-health/diseases/what-is-heterochromia, July 28, 2020).

If unprotected: Moran Eye Center, "Can Your Eyes Get Sunburned?," University of Utah Health, June 22, 2015 (https://healthcare.utah.edu/healthfeed/postings/2015/06/062215_sunburn.eyes.php, August 9, 2019).

In 2007, Kim Goodman: Guinness World Records, "Farthest Eyeball Pop" (www.guinnessworldrecords.com/world-records/23632-farthest-eyeball-pop, August 9, 2019).

Over half of the people: Reena Mukamal, "Why Are Brown Eyes Most Common?," American Academy of Ophthalmology, April 7, 2017 (www.aao.org/eye-health/tips-prevention/why-are-brown-eyes-most-common, August 12, 2019).

Surgeons are unable: David Turbert, "What Parts of the Eye Can Be Transplanted?," American Academy of Ophthalmology, April 3, 2018 (www.aao.org/eye-health/treatments/transplantation-eye, August 9, 2019).

코 - 킁킁! 수상한 냄새가 나는데?

On March 18, 2010: Guinness World Records Limited, "Longest Nose on a Living Person," March 18, 2010 (www.guinnessworldrecords.com/world-records/longest-nose-on-a-living-person, July 6, 2019).

GET YOUR GERMY FINGER: J. Thaj and F. Vaz, "Recognising Ear, Nose and Throat Conditions in the Dentist's Chair," *Primary Dental Journal* 6, no. 3 (2017): 39–43.

Boogers contain cavity-fighting: Erica Shapiro Frenkel and Katharina Ribbeck, "Salivary Mucins Protect Surfaces from Colonization by Cariogenic Bacteria," *Applied and Environmental Microbiology,* October 24, 2014 (https://aem.asm.org/content/81/1/332, July 6, 2019).

One small study: J. W. Jefferson and T. D. Thompson, "Rhinotillexomania: Psychiatric Disorder or Habit?," *Journal of Clinical Psychiatry* 56, no. 2 (February 1995): 56–59.

귀 - 귀를 쫑긋이 세우고 잘 들어!

A single gene in: John H. McDonald, *Myths of Human Genetics* (Baltimore: Sparky House Publishing, 2011), 41–43.

Kids have wetter: Ask Dr. Universe, "Earwax: Why Do We Have It?," April 4, 2016 (askdruniverse.wsu.edu/2016/04/04/earwax-why-do-we-have-it, January 7, 2020).

In 2007, Anthony Victor: Guinness World Records, "Longest Ear Hair" (www.guinnessworldrecords.com/world-records/longest-ear-hair, January 7, 2020).

There's a condition known as: L. Carluer, C. Schupp, and G. L. Defer, "Ear Dyskinesia," *Journal of Neurology, Neurosurgery, and Psychiatry* 77, no. 6 (2006): 802–3.

입 - 머리에서 가장 큰 구멍

Alligators will regrow: Ping Wu et al., "Specialized Stem Cell Niche Enables Repetitive Renewal of Alligator Teeth," *Proceedings of the National Academy of Sciences of the United States of America* 110, no. 22 (May 28, 2013): E2009–E2018 (www.pnas.org/content/110/22/E2009?with-ds=yes, October 12, 2019).

And over a billion at any one time?: University of Illinois at Chicago College of Dentistry, "The True Story of Why You Get Cavities, According to a Billion Microbes," March 29, 2017 (www.dentistry.uic.edu/patients/cavity-prevention-bacteria, October 12, 2019).

The next time you bust your grandparents: R. Kort et al., "Shaping the Oral Microbiota through Intimate Kissing," *Microbiome* 2, no. 41 (2014) (https://microbiomejournal.biomedcentral.com/articles/10.1186/2049-2618-2-41, October 12, 2019).

Your body makes: Northern Dental Centre, "Fun Facts About Saliva" (www.northerndentalcentre.ca/fun-facts-about-saliva, October 10, 2019).

Pad kid poured: Meera Dolasia, "MIT Researchers Reveal the World's Toughest Tongue Twister!," *Dogo News* (www.dogonews.com/2013/12/7/mit-researchers-reveal-the-worlds-toughest-tongue-twister, October 12, 2019).

Only 10 percent of: Hélène Buithieu, Yves Létourneau, and Rénald Pérusse "Oral Manifestations of Ehlers-Danlos Syndrome," *Journal of the Canadian Dental Association* 67, no. 6 (2001): 330–31.

For centuries, the people: Julia M. White, "Tibet in the 1930s: Theos Bernard's Legacy at UC Berkeley," *Cross Currents e-Journal,* no. 13 (Dec. 2014) (www.cross-currents.berkeley.edu/e-journal/issue-13/Bernard/photo/tibetan-greeting, October 12, 2019).

Ashish Peri, of: Guinness World Records, "Most Tongue to Nose Touches in One Minute" (www.guinnessworldrecords.com/world-records/435650-most-times-touching-your-tongue-to-your-nose-in-one-minute, October 9, 2019).

Thomas Blackstone once: Guinness World Records, "Heaviest Weight Lifted by Tongue" (www.guinnessworldrecords.com/world-records/heaviest-weight-lifted-by-tongue, October 9, 2019).

Blue whales: Michelle Bryner, "What's the Biggest Animal in the World?," Live Science, August 23, 2010 (www.livescience.com/32780-whats-the-biggest-animal-in-the-world.html, October 9, 2019).

In fact, your body: Sandy A. Simon and Ivan E. Araujo, "The Salty and Burning Taste of Capsaicin," *Journal of General Physiology* 125, no. 6 (2005): 531–34.

2장 뇌

뇌 - 우리 몸의 지휘자

The brain is mission control: Larissa Hirsch, "Your Brain & Nervous System," Kids Health from Nemours, May 2019 (www.kidshealth.org/en/kids/brain.html, November 2, 2019).

It's powerful: University of Pittsburgh School of Medicine, "About the Brain and Spinal Cord" (www.neurosurgery.pitt.edu/centers/neurosurgical-oncology/brain-and-brain-tumors/about, November 2, 2019).

The brain contains billions: F. A. Azevedo et al., "Equal Numbers of Neuronal and Nonneuronal Cells Make the Human Brain an Isometrically Scaled-Up Primate Brain," *Journal of Comparative Neurology* 513, no. 5 (2009): 532–41.

It gets pretty complicated: David T. Bundy, Nicholas Szrama, Mrinal Pahwa, and Eric C. Leuthardt, "Unilateral, 3D Arm Movement Kinematics Are Encoded in Ipsilateral Human

Cortex," *Journal of Neuroscience* 38, no. 47 (2018): 10042–46; Eric H. Chudler, "One Brain . . . Or Two?" University of Washington (www.faculty.washington.edu/chudler/split.html, November 3, 2019).

Cerebrum: Larissa Hirsch, "Your Brain & Nervous System," KidsHealth from Nemours, May 2019 (www.kidshealth.org/en/kids/brain.html, November 2, 2019).

Hypothalamus: Larissa Hirsch, "Your Brain & Nervous System," KidsHealth from Nemours, May 2019 (www.kidshealth.org/en/kids/brain.html, November 2, 2019).

Eat, drink, sleep, repeat: Joseph Proietto, "Chemical Messengers: How Hormones Make Us Feel Hungry and Full," The Conversation, September 25, 2015 (www.theconversation.com/chemical-messengers-how-hormones-make-us-feel-hungry-and-full-35545, November 5, 2019).

We keep track of: R. Szymusiak and D. McGinty, "Hypothalamic Regulation of Sleep and Arousal," *Annals of the New York Academy of Sciences* 1129 (2008): 275–86.

Pituitary Gland: Larissa Hirsch, "Your Brain & Nervous System," KidsHealth from Nemours, May 2019 (www.kidshealth.org/en/kids/brain.html, November 2, 2019).

Come visit if you're in search of: Stanford Children's Health, "Anatomy of a Child's Brain" (www.stanfordchildrens.org/en/topic/default?id=anatomy-of-a-childs-brain-90-P02588, November 2, 2019).

Brain Stem: Larissa Hirsch, "Your Brain & Nervous System," KidsHealth from Nemours, May 2019 (www.kidshealth.org/en/kids/brain.html, November 2, 2019).

Spinal Cord: Stanford Children's Health, "Anatomy of a Child's Brain" (www.stanfordchildrens.org/en/topic/default?id=anatomy-of-a-childs-brain-90-P02588, November 2, 2019).

Amygdala: Larissa Hirsch, "Your Brain & Nervous System," KidsHealth from Nemours, May 2019 (www.kidshealth.org/en/kids/brain.html, November 2, 2019).

Mostly because I process light: Eric H. Chudler, "Lobes of the Brain," University of Washington (www.faculty.washington.edu/chudler/split.html, November 3, 2019).

I'm good at: Eric H. Chudler, "Lobes of the Brain," University of Washington (www.faculty.washington.edu/chudler/split.html, November 3, 2019).

The average adult brain: National Institute of Neurological Disorders and Stroke, "Brain Basics: Know Your Brain" (www.ninds.nih.gov/Disorders/Patient-Caregiver-Education/Know-Your-Brain, November 5, 2019).

A newborn baby's brain: Bahar Gholipour, "Babies' Amazing Brain Growth Revealed in New Map," Live Science, August 11, 2014 (www.livescience.com/47298-babies-amazing-brain-growth.html, November 5, 2019).

The human brain is: John H. Kaas, "The Evolution of Brains from Early Mammals to Humans," *Wiley Interdisciplinary Review of Cognitive Science* 4, no. 1 (2013): 33–35.

By the time you turn nine: V. S. Caviness Jr. et al., "The Human Brain Age 7–11 Years: A Volumetric Analysis Based on Magnetic Resonance Images," *Cerebral Cortex* 6, no. 5 (1996): 726–36.

While your brain only: Eric H. Chudler, "Brain Facts That Make You Go Hmmm," University of Washington (www.faculty.washington.edu/chudler/split.html, November 3, 2019).

It uses 20 percent: Ferris Jabr, "Does Thinking Hard Really Burn More Calories?" *Scientific American*, July 18, 2012 (www.scientificamerican.com/article/thinking-hard-calories, November 3, 2019).

The brain can store: Paul Reber, "What Is the Memory Capacity of the Human Brain?," *Scientific American*, May 1, 2010 (www.scientificamerican.com/article/what-is-the-memory-capacity, November 5, 2019).

The human brain is as big as the whole internet: Thomas M. Bartol Jr. et al., "Nanoconnectomic Upper Bound on the Variability of Synaptic Plasticity," eLife Sciences, November 30, 2015 (www.elifesciences.org/articles/10778, November 3, 2019).

It's limited by how quickly: Patrick Monahan, "The Human Brain Is as Big as the Internet," American Association for the Advancement of Science, January 25, 2016 (www.sciencemag.org/news/2016/01/human-brain-big-internet, November 4, 2019).

You have at least one thousand: Carl Zimmer, "100 Trillion Connections: New Efforts Probe and Map the Brain's Detailed Architecture," *Scientific American*, January 2011 (www.scientificamerican.com/article/100-trillion-connections, November 4, 2019).

A neural connection: Valerie Ross, "Numbers: The Nervous System, From 268-MPH Signals to Trillions of Synapses," *Discover Magazine*, May 14, 2011 (www.discovermagazine.com/health/numbers-the-nervous-system-from-268-mph-signals-to-trillions-of-synapses, November 4, 2019).

Pain signals: Tim Welsh, "It Feels Instantaneous, But How Long Does It Really Take to Think a Thought?," The Conversation,

June 26, 2015 (theconversation.com/it-feels-instantaneous-but-how-long-does-it-really-take-to-think-a-thought-42392, November 5, 2019).

During rest, your brain is: Erin J. Wamsley and Robert Stickgold, "Memory, Sleep and Dreaming: Experiencing Consolidation," *Sleep Medicine Clinics Journal* 6, no. 1 (2011): 97–108.

A 2015 study: Jessica Hamzelou, "Ultra-marathon Runners' Brains Shrank While Racing across Europe," *New Scientist*, December 2, 2015 (www.newscientist.com/article/dn28591-ultra-marathon-runners-brains-shrunk-while-racing-across-europe, November 5, 2019).

The good news is: Wolfgang Freund et al., "Regionally Accentuated Reversible Brain Grey Matter Reduction in Ultra Marathon Runners Detected by Voxel-Based Morphometry," *BMC Sports Science, Medicine, and Rehabilitation* 6, no. 1 (2014): 4.

If you could smooth out: Rachel Nuwer, "Why Are Our Brains Wrinkly?" *Smithsonian Magazine*, February 28, 2013 (www.smithsonianmag.com/smart-news/why-are-our-brains-wrinkly-29271143, November 5, 2019).

It would flatten out: Roberto Toro, "On the Possible Shapes of the Brain," *Evolutionary Biology* 39 (2012): 600–612.

3장 몸의 겉에서 속으로

피부 - 우리 몸을 감싼 보호막

It weighs about as much: Eric H. Chudler, "Brain Facts That Make You Go Hmmm," University of Washington (www.faculty.washington.edu/chudler/split.html, November 3, 2019).

Skin is your fastest: American Academy of Dermatology Association, "What Kids Should Know about the Layers of Skin" (www.aad.org/public/parents-kids/healthy-habits/parents/kids/skin-layers, August 5, 2019).

If we were to save up: Kids Health from Nemours, "Your Skin" (www.kidshealth.org/en/kids/skin.html, August 5, 2019).

Dust mite mouths: Claire Landsbaum, "How Gross Is Your Mattress?" Slate, November 24, 2015 (www.slate.com/human-interest/2015/11/mattresses-dust-mites-and-skin-cells-how-gross-does-your-mattress-get-over-time.html, August 2, 2019).

The thickest skin: Act for Libraries, "The Thickest and Thinnest Skin in the Body" (www.actforlibraries.org/the-thickest-and-thinnest-skin-in-the-body, August 5, 2019).

In 1999, Gary Turner: Guinness World Records, "Stretchiest Skin" (www.guinnessworldrecords.com/world-records/72387-stretchiest-skin, August 5, 2019).

Pimples, AKA Zits: American Academy of Dermatology Association, "What Is Acne?" (www.aad.org/public/parents-kids/lesson-plans/lesson-plan-what-is-acne-ages-8-10, August 5, 2019).

Moles! What are they?: American Academy of Dermatology Association, "Moles: Who Gets and Types"(www.aad.org/public/diseases/a-z/moles-types, August 5, 2019).

Eczema, AKA Dermatitis: American Academy of Dermatology Association, "Eczema Resource Center" (www.aad.org/public/diseases/eczema, August 5, 2019).

Birthmarks!: American Academy of Dermatology Association. "What Kids Should Know about Birthmarks" (www.aad.org/public/parents-kids/healthy-habits/parents/kids/birthmarks-kids, August 5, 2019).

땀 - 윽, 이게 무슨 냄새야?

These hungry microbes: Jessica Boddy, "Your Body Means the World to the Microbes That Live On It," *Popular Science*, August 24, 2018 (www.popsci.com/microbes-on-your-body, August 5, 2019).

Meat sweats: Brandon Specktor, "The Truth About 'Meat Sweats,' According to Science," Live Science, June 27, 2018 (www.livescience.com/62932-meat-sweats-causes.html, August 6, 2019).

손톱 - 예쁜 게 다가 아니야!

Nails grow: New York Times "Q & A," August 2, 1988 (www.nytimes.com/1988/08/02/science/q-a-504688.html, August 6, 2019).

Kids' fingernails grow: Donna M. D'Alessandro, "How Fast Do Fingernails Grow?," Pediatric Education.org, November 5, 2012 (www.pediatriceducation.org/2012/11/05/how-fast-do-fingernails-grow, August 6, 2019).

Nails grow faster: New York Times, "Q & A," August 2, 1988 (www.nytimes.com/1988/08/02/science/q-a-504688.html, August 6, 2019).

Nails are as strong: New Scientist, "Fingernails Have the Strength of Hooves," February 7, 2004 (www.newscientist.com/article/mg18124332-600-fingernails-have-the-strength-of-hooves, August 7, 2019).

If you lose a fingernail: American Academy of Dermatology Association, "What Kids Should Know About How Nails Grow" (www.aad.org/public/parents-kids/healthy-habits/parents/kids/nails-grow, August 6, 2019).

About half of kids: Nationwide Children's Hospital, "Nail Biting Prevention and Habit Reversal Tips: How to Get Your Child to Stop," January 11, 2019 (www.nationwidechildrens.org/family-resources-education/700childrens/2018/01/nail-biting-prevention-and-habit-reversal-tips-how-to-get-your-child-to-stop, August 7, 2019).

But in 2018, at the age: David Stubbings, "Owner of World's Longest Nails Has Them Cut after Growing Them for 66 Years," Guinness World Records, July 11, 2018 (www.guinnessworldrecords.com/news/2018/7/owner-of-worlds-longest-nails-has-them-cut-after-growing-them-for-66-years-532563, August 7, 2019).

털 - 내가 털털해 보이니?

We've got follicles big: Francisco Jimenez, Ander Izeta, and Enrique Poblet, "Morphometric Analysis of the Human Scalp Hair Follicle: Practical Implications for the Hair Transplant Surgeon and Hair Regeneration Studies," *Dermatologic Surgery* 37, no. 1 (2011): 58–64.

Choose a specific shape: Sebastien Thibaut, Philippe Barbarat, Frederic Leroy, and Bruno A. Bernard, "Human Hair Keratin Network and Curvature," *International Journal of Dermatology* 46, no. s1 (2007): 7–10.

"For fabulous coils and curls": Leidamarie Tirado-Lee, "The Science of Curls," Science in Society of Northwestern University, May 20, 2014. (helix.northwestern.edu/blog/2014/05/science-curls, January 5, 2020).

Customers can expect: Morgan B. Murphrey, Sanjay Agarwal, and Patrick M. Zito, "Anatomy, Hair" (Treasure Island, FL: StatPearls Publishing, 2019; www.ncbi.nlm.nih.gov/books/NBK513312, January 5, 2020).

Vellus hair and terminal hair: Ezra Hoover, Mandy Alhajj, and Jose L. Flores, "Physiology, Hair" (Treasure Island, FL: StatPearls Publishing, 2019; www.ncbi.nlm.nih.gov/books/NBK499948, January 5, 2020).

Teenagers and grownups: Dahlia Saleh and Christopher Cook, "Hypertrichosis" (Treasure Island, FL: StatPearls Publishing, 2019; www.pubmed.ncbi.nlm.nih.gov/30521275-hypertrichosis, January 5, 2020).

Where you WON'T find hair: Ezra Hoover, Mandy Alhajj, and Jose L. Flores, "Physiology, Hair" (Treasure Island, FL: StatPearls Publishing, 2019; www.ncbi.nlm.nih.gov/books/NBK499948, January 5, 2020).

These are all examples of: R. Kumar et al., "Glabrous Lesional Stem Cells Differentiated into Functional Melanocytes: New Hope for Repigmentation," *Journal of the European Academy of Dermatology and Venereology* 30, no. 9 (2016): 1555–60.

4장 운동계

뼈 - 내 안에 해골이 산다!

Most fragile: Lincoln Orthopaedic Center, "Most Commonly Broken Bones" (www.ortholinc.com/article-id-fix/272-most-commonly-broken-bones, August 9, 2019).

The stapes is also the smallest: Bradley L. Njaa, *Pathological Basis of Veterinary Disease* (Maryland Heights: Mosby, 2017).

The femur, also the longest: Healthline, "Femur," April 2, 2015 (www.healthline.com/human-body-maps/femur#1, August 10, 2019).

Every bone in your body is connected: Bradley J. Fikes, "Body Parts: The Hyoid—A Little Known Bone," *Hartford Courant*, March 11, 2007 (www.courant.com/sdut-body-parts-the-hyoid-a-little-known-bone-2007mar11-story.html, July 24, 2020).

Some of your bones are able: Karl J. Jepsen, "Systems Analysis of Bone," *Wiley Interdisciplinary Reviews, Systems Biology and Medicine* 1, no. 1 (2009): 73–88.

Most people have twenty-four: Michael Hinck, "Did You Know—One out of Every 200 People Are Born with an Extra Rib?," Flushing Hospital Medical Center, April 20, 2018 (www.flushinghospital.org/newsletter/did-you-know-one-out-of-every-200-people-are-born-with-an-extra-rib, August 14, 2019).

More than half: S. G. Uppin et al., "Lesions of the Bones of the Hands and Feet: A Study of 50 Cases," *Archives of Pathology and Laboratory Medicine* 132, no. 5 (2008): 800–812.

근육 - 티라노사우루스처럼 튼튼하게!

Skeletal muscle: Library of Congress, "What Is the Strongest Muscle in the Human Body?" (www.loc.gov/everyday-mysteries/item/what-is-the-strongest-muscle-in-the-human-body, August 12, 2019).

Ancient Romans thought: Online Etymology Dictionary,

"Muscle" (www.etymonline.com/word/muscle, August 12, 2019).

A grownup's body weight is: Ian Janssen, Steven B. Heymsfield, ZiMian Wang, and Robert Ross, "Skeletal Muscle Mass and Distribution in 468 Men and Women aged 18–88 yr," *Journal of Applied Physiology* 89, no. 1 (2000): 81–88.

You have more than six hundred: Kids Health from Nemours, "Your Muscles" (www.kidshealth.org/en/kids/muscles.html, August 1, 2019).

Your eye muscles: Talk of the Nation, "Looking at What the Eyes See," NPR, February 23, 2011 (www.npr.org/2011/02/25/134059275/looking-at-what-the-eyes-see, August 2, 2019).

Every single one of the five million: "How to Be Human: The Reason We Are So Scarily Hairy," *New Scientist*, October 4, 2017 (www.newscientist.com/article/mg23631460-700-why-are-humans-so-hairy, August 5, 2019).

Has its own muscle: Niloufar Torkamani, Nicholas W. Rufaut, Leslie Jones, and Rodney D. Sinclair. "Beyond Goosebumps: Does the Arrector Pili Muscle Have a Role in Hair Loss?," *International Journal of Trichology* 6, no. 3 (2014): 88–94

Put your hands together for: A. J. Harris et al., "Muscle Fiber and Motor Unit Behavior in the Longest Human Skeletal Muscle," *Journal of Neuroscience* 25, no. 37 (2005): 8528–33.

It's the GLUTEUS MAXIMUS: Library of Congress, "What Is the Strongest Muscle in the Human Body?" (www.loc.gov/everyday-mysteries/item/what-is-the-strongest-muscle-in-the-human-body, August 12, 2019).

Let's give a big round of applause for the STAPEDIUS: K. C. Prasad et al., "Microsurgical Anatomy of Stapedius Muscle: Anatomy Revisited, Redefined with Potential Impact in Surgeries," *Indian Journal of Otolaryngology and Head & Neck Surgery* 71, no. 1 (2019): 14–18.

5장 순환계, 호흡계, 비뇨계

심장 – 사랑해, 하트!

That's one hundred thousand beats: PBS Nova, "Amazing Heart Facts" (www.pbs.org/wgbh/nova/heart/heartfacts.html, August 20, 2019).

Newborn babies: Stanford Children's Health, "Assessments of Newborn Babies" (www.stanfordchildrens.org/en/topic/default?id=assessments-for-newborn-babies-90-P02336, August 20, 2019).

Kids: Bahar Gholipour, "What Is a Normal Heart Rate?" Live Science, January 12, 2018 (www.livescience.com/42081-normal-heart-rate.html, August 10, 2019).

Adults: Harvard Health Publishing, "What Your Heart Rate Is Telling You," October 23, 2018. (www.health.harvard.edu/heart-health/what-your-heart-rate-is-telling-you, August 20, 2019).

Like a whole cup of blood: Healthwise, "Cardiac Output," July 22, 2018 (uofmhealth.org/health-library/tx4080abcm, August 20, 2019).

A kid's heart is: Garyfalia Ampanozia et al., "Comparing Fist Size to Heart Size Is Not a Viable Technique to Assess Cardiomegaly," *Cardiovascular Pathology* 36 (2018): 1–5

Your heart is powered by: Johns Hopkins Medicine, "Anatomy and Function of the Heart's Electrical System" (www.hopkinsmedicine.org/health/conditions-and-diseases/anatomy-and-function-of-the-hearts-electrical-system, August 10, 2019).

The average adult man's heart weighs: D. Kimberley Molina and Vincent J. M. DiMaio, "Normal Organ Weights in Men: Part I—The Heart," *American Journal of Forensic Medical Pathology* 33, no. 4 (2012): 362–67.

When two people in love hold hands: Lisa Marshall, "A Lover's Touch Eases Pain as Heartbeats, Breathing Sync," CU Boulder Today, June 21, 2017 (www.colorado.edu/today/2017/06/21/lovers-touch-eases-pain-heartbeats-breathing-sync, August 10, 2019).

Your heart makes enough energy: Mark Zimmer, *Illuminating Disease: An Introduction to Green Fluorescent Proteins* (New York: Oxford University Press, 2015).

On average, your heart beats: American Heart Association, "About Arrhythmia," September 2016 (www.heart.org/HEARTORG/Conditions/Arrhythmia/AboutArrthmia/About-Arrthmia_UCM_002010_Article.jsp?appName=MobileApp, August 10, 2019).

피(혈액) – 몸속에 있을 땐 무섭지 않아!

The RBCs get their brilliant red: US National Library of Medicine, "Circulation Station" (www.cfmedicine.nlm.nih.gov/activities/circulatory_text.html, August 12, 2019).

Life expectancy: Four months: Robert S. Franco, "Measurement of Red Cell Lifespan and Aging," *Transfusion Medicine and*

Hemotherapy 39, no. 5 (2012): 302–7.

A whole army of little fighters: "High White Blood Cell Count," Mayo Clinic, November 30, 2018 (www.mayoclinic.org/symptoms/high-white-blood-cell-count/basics/causes/sym-20050611, August 12, 2019).

Life expectancy: A few hours: Jose Borghans and Ruy M Ribeiro, "T-Cell Immunology: The Maths of Memory," *eLife* 6 (2017) (www.elifesciences.org/articles/26754, August 12, 2019).

Controlling the blood: Franklin Institute, "All About Scabs" (www.fi.edu/heart/all-about-scabs, August 10, 2019).

Life expectancy: Ten days: Nicole LeBrasseur, "Platelets' Preset Lifespan," *Journal of Cell Biology* 177, no. 2 (2007): 186.

A newborn baby's body: Miller Children's and Women's Hospital, "Facts about Donating Blood" (www.millerchildrenshospitallb.org/centers-programs/facts-about-donating-blood, August 10, 2019).

The smallest blood vessel: Franklin Institute, "Blood Vessels" (www.fi.edu/heart/blood-vessels, August 1, 2019).

The blood in your body travels: PBS Nova, "Amazing Heart Facts" (www.pbs.org/wgbh/nova/heart/heartfacts.html, August 8, 2019).

Your blood makes up almost 8 percent: American Society of Hematology, "Blood Basics" (www.hematology.org/Patients/Basics, August 10, 2019).

One blood cell goes through the heart: US National Library of Medicine, "Circulation Station" (www.cfmedicine.nlm.nih.gov/activities/circulatory_text.html, August 12, 2019).

폐 – 누구나 가슴 속에 풍선 두 개쯤은 있잖아?

Actually smaller than I am: Raheel Chaudhry and Bruno Bordoni, "Anatomy, Thorax, Lungs" (Treasure Island, FL: StatPearls Publishing 2019; www.ncbi.nlm.nih.gov/books/NBK470197, January 5, 2020).

And each bronchiole stems: Apeksh Patwa and Amit Shah, "Anatomy and Physiology of Respiratory System Relevant to Anaesthesia," *Indian Journal of Anaesthesia* 59, no. 9 (2015): 533–41.

Covered in a web of: Latent Semantic Analysis at University of Colorado Boulder, "The Role of the Lungs" (www.lsa.colorado.edu/essence/texts/lungs.html, January 5, 2020).

These six hundred million: Matthias Ochs et al., "The Number of Alveoli in the Human Lung," *American Journal of Respiratory and Critical Care Medicine* 169, no. 1 (2004) (https://doi.org/10.1164/rccm.200308-1107OC, April 11, 2020).

18 to 30: The number of breaths: Eleesha Lockett, "What Is a Normal Respiratory Rate for Kids and Adults?," Healthline, March 14, 2019 (www.healthline.com/health/normal-respiratory-rate, January 4, 2020).

More than 2,000 gallons: American Lung Association, "How Your Lungs Get the Job Done," April 11, 2018 (www.lung.org/about-us/blog/2017/07/how-your-lungs-work.html, January 4, 2020).

1,500 miles (2,400 km): American Lung Association, "How Your Lungs Get the Job Done," April 11, 2018 (www.lung.org/about-us/blog/2017/07/how-your-lungs-work.html, January 4, 2020).

600 million: National Geographic "Lungs" (www.nationalgeographic.com/science/health-and-human-body/human-body/lungs/#close, January 6, 2020).

Over 500 million: Jack L. Feldman and Christopher A. Del Negro, "Looking for Inspiration: New Perspectives on Respiratory Rhythm," *Nature Reviews Neuroscience* 7, no. 3 (2006): 232.

비뇨계 – 오줌의 힘!

Our urinary system is made: KidsHealth from Nemours, "Your Urinary System" (www.kidshealth.org/en/kids/pee.html, July 10, 2019).

Kidneys (NOT to Be Confused with "Kid Knees"): Larissa Hirsch, "Your Kidneys," KidsHealth from Nemours, September 2018 (www.kidshealth.org/en/kids/kidneys.html, July 13, 2019).

"Bilateral symmetry": Brooke Huuskes, "Curious Kids: Why Do We Have Two Kidneys When We Can Live with Only One?," The Conversation, March 18, 2019 (www.theconversation.com/curious-kids-why-do-we-have-two-kidneys-when-we-can-live-with-only-one-113201, July 12, 2019).

The bladder acts as a: Michael Huckabee, "Mind over Bladder: To Hold or Not to Hold," University of Nebraska Medical Center, June 5, 2014 (www.unmc.edu/news.cfm?match=15242, July 12, 2019).

It holds roughly one and a half to two cups: National Institute of Diabetes and Digestive and Kidney Diseases, "The Urinary Tract and How It Works," January 2014 (www.niddk.nih.gov/health-information/urologic-diseases/urinary-tract-how-it-works, July 12, 2019).

Asparagus Whiz: Benjamin Franklin, *Fart Proudly* (New York:

Penguin Random House, 2003).

May be linked to genetics: Sarah C Markt et al., "Sniffing Out Significant 'Pee Values': Genome Wide Association Study of Asparagus Anosmia," *BMJ* 355, no. i6071 (2016) (www.ncbi.nlm.nih.gov/pmc/articles/PMC5154975, August 10, 2019).

Brush their teeth with pee: Kristina Killgrove, "6 Practical Ways Romans Used Human Urine and Feces in Daily Life," Mental Floss, March 14, 2016 (www.mentalfloss.com/article/76994/6-practical-ways-romans-used-human-urine-and-feces-daily-life, July 20, 2019).

The US Army Manual: U.S Army Field Manual 3-05.70 (Washington, DC: United States Army, 2002) (www.web.archive.org/web/20090612013729/http:/www.equipped.com/21-76/ch6.pdf, July 20, 2019).

People pee between six and seven: Bladder and Bowel Community, "Urinary Frequency" (www.bladderandbowel.org/bladder/bladder-conditions-and-symptoms/frequency, July 20, 2019).

6장 소화계

소화 – 음식물이 내려간다, 쭈우욱!

Before food even enters your mouth: Larissa Hirsch, "Digestive System," KidsHealth from Nemours, May 2019 (www.kidshealth.org/en/parents/digestive.html?WT.ac=p-ra, June 2, 2019).

Food doesn't need gravity's help: Larissa Hirsch, "Digestive System," KidsHealth from Nemours, May 2019 (www.kidshealth.org/en/parents/digestive.html?WT.ac=p-ra, June 2, 2019).

The small intestine is about: KidsHealth from Nemours, "Your Digestive System" (www.kidshealth.org/en/kids/digestive-system.html, June 8, 2019).

The large intestine is about: KidsHealth from Nemours, "Your Digestive System" (www.kidshealth.org/en/kids/digestive-system.html, June 8, 2019).

A grownup's entire digestive tract: American Society for Gastrointestinal Endoscopy, "Quick Anatomy Lesson: Human Digestive System," August 2014 (www.asge.org/home/about-asge/newsroom/media-backgrounders-detail/human-digestive-system, June 8, 2019).

똥 – 철퍼덕, 똥 덩어리

In 1997, Dr. Ken Heaton: S. J. Lewis and K. W. Heaton, "Stool Form Scale as a Useful Guide to Intestinal Transit Time," *Scandinavian Journal of Gastroenterology* 32, no. 9 (1997): 920–24.

75 percent water and 25 percent: C. Rose, A. Parker, B. Jefferson, and E. Cartmell, "The Characterization of Feces and Urine: A Review of the Literature to Inform Advanced Treatment Technology," *Critical Reviews in Environmental Science and Technology* 45, no. 17 (2015): 1827–79.

According to a 2003 study: Dov Sikirov, "Comparison of Straining During Defecation in Three Positions: Results and Implications for Human Health," *Digestive Diseases and Sciences* 48 (2003): 1201–5.

While we don't know: Ainara Sistiaga, Carolina Mallol, Bertila Galván, and Roger Everett Summons, "The Neanderthal Meal: A New Perspective Using Faecal Biomarkers," *PLOS One* 9, no. 6 (2014) (www.journals.plos.org/plosone/article?id=10.1371/journal.pone.0101045, July 10, 2019).

방귀 – 피리 부는 엉덩이

The average healthy person: Purna Kashyap, "Why Do We Pass Gas?" TED ED (www.ed.ted.com/lessons/why-do-we-pass-gas-purna-kashyap, July 10, 2019).

The Guinness World Record for Loudest Recorded: Rachel Swatman, "Loudest Burp—Meet the Record Breakers Video," Guinness World Records, April 21, 2016 (www.guinnessworldrecords.com/news/2016/4/loudest-burp-%E2%80%93-meet-the-record-breakers-video-425916?fb_comment_id=1024674550935142_1103725996363330, July 10, 2019).

7장 면역계

면역계 – 내가 지켜 줄게!

Every day, microscopic invaders: MedlinePlus, "Immune Response" (www.medlineplus.gov/ency/article/000821.htm, July 10, 2020).

They have the power to multiply: M. Drexler, *What You Need to Know About Infectious Disease* (Washington, DC: National Academies Press, 2010), 23–24.

Release harmful molecules called toxins: James Byrne, "Bacterial Toxins," *Scientific American,* November 10, 2011 (blogs.scientificamerican.com/disease-prone/bacterial-toxins, July 10, 2020).

Most are pretty harmless: Gabriela Jorge Da Silva and Sara Domingues, "We Are Never Alone: Living with the Human Microbiota," *Frontiers for Young Minds,* July 17, 2017 (kids.frontiersin.org/article/10.3389/frym.2017.00035, July 10, 2020).

The kind in your gut: Jo Napolitano, "Exploring the Role of Gut Bacteria in Digestion," Argonne National Laboratory, August 19, 2010 (www.anl.gov/article/exploring-the-role-of-gut-bacteria-in-digestion, July 10, 2020).

They reproduce by invading a body cell: National Geographic Society, "Viruses" (www.nationalgeographic.org/encyclopedia/viruses, July 12, 2020).

Hitching a ride on the food you eat: Centers for Disease Control and Prevention, "Foodborne Germs and Illnesses" (www.cdc.gov/foodsafety/foodborne-germs.html, July 12, 2020).

Disguising themselves in the air you breathe: E. L. Bodie et al., "Urban Aerosols Harbor Diverse and Dynamic Bacterial Populations," *Proceedings of the National Academy of Sciences of the United States of America* 104, no. 1 (2007): 299–304.

Trap germs with its super-stick power: Greta Friar, "Mucus Does More Than You Think," *MIT Scope,* March 17, 2017 (scopeweb.mit.edu/mucus-does-more-than-you-think-8b12f8f6feae, July 12, 2020).

Chemical-filled and ready to kill: T. Vila, A. M. Rizk, et. Al, "The Power of Saliva: Antimicrobial and Beyond," *PLOS Pathogens* 15, no. 11 (2019) (www.doi.org/10.1371/journal.ppat.1008058, July 12, 2020).

You're washing away: Centers for Disease Control and Prevention, "Show Me the Science—Why Wash Your Hands?" (www.cdc.gov/handwashing/why-handwashing.html, July 12, 2020).

8장 생식계

끝없이 이어지는 삶의 고리 - 탐험을 시작하자!

It can heal its own: Reena Mukamal, "How Humans See in Color," American Academy of Ophthalmology, June 8, 2017 (www.aao.org/eye-health/tips-prevention/how-humans-see-in-color, February 2, 2020).

Create a new layer of skin: Kids Health from Nemours, "Your Skin" (www.kidshealth.org/en/kids/skin.html, February 2, 2020).

The male cells are called: Steven Dowshen, "All About Puberty," Kids Health from Nemours, October 2015 (www.kidshealth.org/en/kids/puberty.html, February 4, 2020).

This embryo will grow: Steven Dowshen, "All About Puberty," Kids Health from Nemours, October 2015 (www.kidshealth.org/en/kids/puberty.html, February 4, 2020).

However, sometime between: Steven Dowshen, "All About Puberty," Kids Health from Nemours, October 2015 (www.kidshealth.org/en/kids/puberty.html, February 4, 2020).

Puberty tends to occur: Steven Dowshen, "All About Puberty," Kids Health from Nemours, October 2015 (www.kidshealth.org/en/kids/puberty.html, February 20, 2020).

사춘기 - 내가 왜 이럴까?

Expect a rapid growth: Cleveland Clinic, "Boys, BO and Peach Fuzz: What to Expect in Puberty," December 7, 2017 (www.health.clevelandclinic.org/boys-bo-and-peach-fuzz-what-to-expect-in-puberty/, February 4, 2020).

Boys may notice: Cleveland Clinic, "Boys, BO and Peach Fuzz: What to Expect in Puberty," December 7, 2017 (www.health.clevelandclinic.org/boys-bo-and-peach-fuzz-what-to-expect-in-puberty/, February 4, 2020).

Girls may notice: Cleveland Clinic, "Puberty: Is Your Daughter On Track, Ahead Or Behind?" December 28, 2017 (www.health.clevelandclinic.org/puberty-in-girls-whats-normal-and-whats-not/, February 5, 2020).

Everyone can count on: Stanford Children's Health, "Puberty: Teen Girl" (www.stanfordchildrens.org/en/topic/default?id=puberty-adolescent-female-90-P01635, February 5, 2020).

Puberty hormones are: Alicia Diaz-Thomas, Henry Anhalt, and Christine Burt Solorzano, "Puberty," Hormone Health Network, May 2019 (www.hormone.org/diseases-and-conditions/puberty, February 24, 2020).

Pimples or acne are: American Academy of Dermatology Association, "Acne: Who Gets It and Causes" (www.aad.org/public/diseases/acne/causes/acne-causes, February 24, 2020).

During puberty, your: Dominique F. Maciejewski et al., "A 5-Year Longitudinal Study on Mood Variability Across Adolescence Using Daily Diaries," *Child Development* 86, no. 6 (2015): 1908–21.

When it comes time: UCLA Health, "Sleep and Teens" (www.uclahealth.org/sleepcenter/sleep-and-teens, February 16, 2020).

A hormone called melatonin: Kyla Wahlstrom, "Sleepy Teenage Brains Need School to Start Later in the Morning," The Conversation, September 12, 2017 (www.theconversation.com/sleepy-teenage-brains-need-school-to-start-later-in-the-morning-82484, February 17, 2020).

If there's one thing: Steven Dowshen, "All About Puberty," Kids Health from Nemours, October 2015 (www.kidshealth.org/en/kids/puberty.html, February 20, 2020).

During puberty, you might start: Steven Dowshen, "Your Changing Voice," Kids Health from Nemours, October 2015 (www.kidshealth.org/en/kids/puberty.html, February 20, 2020).

There are actually many more ways: Planned Parenthood, "What Is Intersex?" (www.plannedparenthood.org/learn/gender-identity/sex-gender-identity/whats-intersex, March 23, 2020).

보너스 바디 – 엉덩이

"The two round fleshy parts": Lexico, powered by Oxford, "Buttock," Oxford English Dictionary (www.lexico.com/en/definition/buttock, July 27, 2020).

Located underneath a layer of fat: Stephanie Dolgoff, "The Complete Guide to Your Butt Muscles," *Shape,* March 2, 2020 (www.shape.com/fitness/tips/butt-muscles-guide, July 12, 2020).

Largest and most powerful: Lily Norton, "What's the Strongest Muscle in the Human Body?" Live Science, September 29, 2010 (www.livescience.com/32823-strongest-human-muscles.html, July 12, 2020).

Women often wore bustles: Fashion Institute of Technology, "Bustle," Fashion History Timeline, December 27, 2017 (fashionhistory.fitnyc.edu/bustle, July 12, 2020).

Some turtles breathe out of their butts: John R. Platt, "Butt-Breathing Turtle Now Critically Endangered," *Scientific American,* December 12, 2014 (blogs.scientificamerican.com/extinction-countdown/butt-breathing-turtle-now-critically-endangered, July 12, 2020).

70 percent of its oxygen: R. Muryn et al., "Health and Hibernation of Freshwater Turtles," ResearchGate, July 14, 2018 (www.researchgate.net/publication/326400528_Health_and_Hibernation_of_Freshwater_Turtles, July 12, 2020).

Buttzville, New Jersey: Peter Genovese, "From Buttzville to Bivalve: N.J.'s 20 Most Colorfully Named Towns," NJ.com, August 27, 2015 (www.nj.com/entertainment/2015/08/njs_20_most_colorfully-named_towns_miami_beach_man.html, July 12, 2020).

WOW 세상의 모든 와우
인체 대탐험

2023년 04월 19일 초판 01쇄 인쇄
2023년 04월 26일 초판 01쇄 발행

글 민디 토머스·가이 라즈   그림 잭 티글   옮김 김현희

발행인 이규상   편집인 임현숙
편집팀장 김은영   책임편집 문지연
디자인팀 최희민 두형주   마케팅팀 이성수 김별 강소희 이채영 김희진
경영관리팀 강현덕 김하나 이순복

펴낸곳 (주)백도씨
출판등록 제2012-000170호(2007년 6월 22일)
주소 03044 서울시 종로구 효자로7길 23, 3층(통의동 7-33)
전화 02 3443 0311(편집) 02 3012 0117(마케팅)   팩스 02 3012 3010
이메일 book@100doci.com(편집·원고 투고) valva@100doci.com(유통·사업 제휴)
포스트 post.naver.com/100doci   블로그 blog.naver.com/100doci   인스타그램 @growing__i

ISBN 978-89-6833-429-0 74400
ISBN 978-89-6833-428-3 74400 (세트)
한국어판 출판권 ⓒ (주)백도씨, 2023, Printed in Korea

물주는하이는 (주)백도씨의 출판 브랜드입니다.
이 책은 저작권법에 따라 보호받는 저작물이므로 무단 전재와 복제를 금지하며,
이 책 내용의 전부 또는 일부를 이용하려면 반드시 저작권자와 (주)백도씨의 서면 동의를 받아야 합니다.

* 잘못된 책은 구입하신 곳에서 바꿔드립니다.

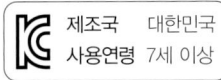